P. RAMACI...

Enseignement Moral et Social

Cours moyen

PARIS
Librairie Nony & Cie
63, BOULEVARD SAINT-GERMAIN, 63
1903

LE PREMIER LIVRE

D'ENSEIGNEMENT MORAL ET SOCIAL

Le *Cours élémentaire*, volume 18/12^{cm},
cartonné, se vend. . . . .   o fr. 6o

LE PREMIER LIVRE

D'ENSEIGNEMENT MORAL

ET SOCIAL

(Cours moyen)

PAR

P. RAMAGE

Ancien Instituteur à Paris
Répétiteur à l'École Turgot.

PARIS

LIBRAIRIE NONY & Cᵢᵉ

63, Boulevard Saint-Germain, 63

1903

L'Enseignement moral et social

(COURS MOYEN)

LA FAMILLE

---

1. — Ce que vous devez à votre mère.

Avez-vous vu un tout petit enfant, âgé de quelques jours à peine ? Vous êtes-vous demandé ce qu'il deviendrait s'il n'avait pas sa maman ? Il mourrait infailliblement. Mais la mère le nourrit de son lait, le revêt de langes qu'elle a elle-même préparés, le couche dans un berceau qu'elle place, le jour, dans la salle où elle travaille, la nuit, tout à côté de son lit ; elle veille sans cesse sur lui, le regarde dormir, le prend dans ses bras dès qu'il s'éveille, le console et le calme quand il crie, se demande sans cesse s'il n'est pas malade, et, à la moindre indisposition, s'inquiète et le soigne, jour et nuit, avec un dévouement admirable.

Chacun de vous a été comme est ce petit enfant, et votre maman, à chacun, vous a nourri et soigné avec une pareille tendresse.

Elle continue, d'ailleurs, à vous entourer de toute sa sollicitude. Ne prépare-t-elle pas vos repas ? Ne répare-t-elle pas vos vêtements, quand elle ne les confectionne pas elle-même ? N'arrange-t-elle pas votre lit et votre chambre pour que vous puissiez bien dormir et vous reposer ? N'a-t-elle pas toujours peur que vous ne tombiez malade ? Ne se préoccupe-t-elle pas sans cesse de votre travail à l'école et de vos progrès ? Ne vous aime-t-elle pas de toute son âme ?

Et il en sera ainsi toujours. Tant que vous aurez besoin de ses soins, elle vous les prodiguera. Quand vous serez devenu homme, elle s'intéressera à tout ce que vous ferez, se réjouira plus que vous de vos succès, vous consolera si vous avez des chagrins. Que vous viviez auprès d'elle, ou que vous soyez obligés de la quitter, elle ne cessera pas d'avoir pour vous les mêmes préoccupations, les mêmes inquiétudes et le même amour ! Vous n'estimerez jamais assez cher les bienfaits que vous avez reçus, que vous recevez et que vous recevrez encore d'elle.

LECTURE. — Dans toute la petite ville de L., Mme Robin est regardée comme étant la meilleure des femmes : elle aime et elle considère comme sa propre fille une enfant qui n'est pas sa fille.

Lorsqu'elle a épousé M. Robin, celui-ci était veuf d'une première femme, et avait une petite fille, Louise ; Mme Robin se mit tout de suite à la soigner et à l'aimer. M. Robin vint à mourir. Mme Robin aurait pu renvoyer Louise, que ses oncles et ses tantes, d'ailleurs, demandaient. Elle n'en fit rien. « Ne suis-je pas sa mère ? dit-elle. » Elle garda Louise et l'élève avec la sollicitude la plus vigilante ; et l'amour maternel est si profond, si passionné, il est si difficile à éprouver dans toute sa force quand on n'est pas vraiment la mère, que toutes les personnes qui connaissent Mme Robin ont conçu pour elle la plus haute estime.

RÉSUMÉ. — Votre maman vous a donné la vie. Elle vous a nourri de son lait, vêtu, regardé dormir ; elle vous a soigné jour et nuit avec une tendresse, un dévouement admirables. Elle continue à vous entourer de toute sa sollicitude ; elle vous aime de toute son âme, et il en sera ainsi toujours. Vous n'estimerez jamais assez cher les bienfaits que vous avez reçus, que vous recevez et que vous recevrez encore d'elle.

MAXIMES. — *La tendresse maternelle n'a pas de bornes.*

Vous n'estimerez jamais assez cher les bienfaits que vous avez reçus, que vous recevez et que vous recevrez encore de votre mère.

---

2. — Ce que vous devez à votre père.

La mère travaille pour ses enfants à l'intérieur de la maison ; le père travaille pour eux au dehors.

Le matin, alors que toute la famille dort encore, il se lève, part, va aux champs, à l'atelier, au chantier ; tout le jour, toute la semaine, toute l'année, il laboure, lime, rabote, maçonne. Son salaire touché ou son blé vendu, il achète à ses enfants le pain et les aliments sans lesquels ils mourraient de faim, les vêtements sans lesquels ils mourraient de froid, les livres sans lesquels ils demeureraient ignorants, les médicaments qui leur rendront la santé s'ils étaient malades ; il paie les frais d'apprentissage du fils aîné, les honoraires du médecin qui a sauvé la plus jeune fille, le loyer de la maison qui les abrite tous. Il a donné la vie à ses enfants ; il la leur conserve, il leur achète par son labeur les moyens de la conserver. Ce n'est pas pour lui qu'il travaille ; c'est pour eux. Ce n'est pas à ses besoins qu'il pense ; il n'y songe qu'après que les leurs sont satisfaits.

Tant que ses enfants sont petits, il les protège ; quand ils sont devenus grands, il leur donne des avis inspirés par le seul désir de les voir toujours heureux et honnêtes ; il devient le conseiller bienfaisant qui fait mériter le succès, le guide nécessaire et sûr.

C'est qu'il aime ses enfants de tout son cœur ; plus que lui-même, moins tendrement peut-être que ne le fait leur mère, mais aussi profondément. Il est heureux de les voir naître, grandir, se fortifier, s'instruire et devenir sages ; les moindres maux dont ils souffrent le font malheureux ; son plus vif désir est de les voir joyeux et bons ; son plus vif plaisir est de les caresser, de les aimer, d'en être aimé, de se prêter à leurs caresses.

LECTURE. — J'ai perdu mon père tout jeune et je n'ai gardé de cet homme que chacun m'a dit si bon que de trop rares souvenirs. Mais comme ils sont précis et nets, et comme j'éprouve à les évoquer une émotion profonde, à la fois douloureuse et douce !

Un soir, à la nuit tombante, il me tenait sur ses genoux. C'était l'époque des étrennes ; tout bas, en me serrant contre lui, je lui faisais mes confidences et je lui disais combien je me trouvais heureux de la bergerie que le père Janvier m'avait apportée.

Le père Janvier, c'est le petit Noël, le saint Nicolas de mon pays, vieillard souriant et énigmatique qui, la nuit de la saint Sylvestre, fait ses cadeaux aux petits enfants, et, dans l'ombre grandissante, ma naïve imagination aidant, je croyais l'apercevoir, ses mains et ses poches bourrées de jouets.

« Le père Janvier ! Tu y crois encore, à ton âge ! me dit mon père. Le père Janvier, mais c'est ton papa, c'est moi-même ; mais c'est ta maman. Mais oui, c'est nous qui t'avons acheté la bergerie que tu désirais. »

Comme je fus étonné par ces paroles, puis fier de ma nou-

velle science ! O mon père ! ce n'est pas seulement au matin du
premier janvier que vous travailliez à mon bonheur ! Comme
je voudrais vous avoir encore près de moi pour m'éclairer sur
mes illusions, pour me guider dans la vie, pour écouter aussi
l'expression des joies trop rares et des inquiétudes de mon
cœur !

RÉSUMÉ. — Le père a donné la vie à ses enfants ; il leur achète
par son labeur les moyens de la conserver. Ce n'est pas pour lui
qu'il travaille, c'est pour eux. Ce n'est pas à ses propres besoins qu'il
pense ; il n'y songe qu'après que les leurs sont satisfaits.

Puis, quand ils sont devenus grands, il donne d'excellents avis, il
devient un conseiller bienfaisant, un guide nécessaire et sûr. C'est
qu'il aime lui aussi, ses enfants de tout son cœur.

MAXIME. — *Protecteur, bienfaiteur, conseiller, modèle ;
voilà ce que signifie le seul mot de père.*

---

3. — Aimez et respectez vos parents.

Les parents aiment leurs enfants de tout leur cœur ; ils
travaillent sans cesse pour eux, ils se sacrifient pour eux
s'il est nécessaire : comment les enfants, à leur tour, n'ai-
meraient-ils pas leurs parents ?

L'amour filial est un sentiment naturel ; un fils qui n'aimerait pas son père ou sa mère serait un monstre ; mais
vous pouvez augmenter l'affection que vous éprouvez spontanément pour eux en réfléchissant à tout ce que vous leur
devez, à leurs bienfaits, à leur amour, à leur sollicitude in-
fatigable. Songez-y souvent.

Surtout ne vous contentez pas de ressentir pour vos parents un amour très vif ; donnez-leur en de nombreuses preuves ; c'est d'ailleurs la plus douce récompense qu'ils puissent recevoir. Dites-leur bien que vous les aimez, prodiguez-leur vos baisers et vos caresses ; aidez-les dans la mesure de vos forces ; montrez-leur, en toutes circonstances, de la prévenance et de la douceur.

Respectez-les. Un enfant qui parlerait grossièrement à son père ne l'aimerait pas, et se rendrait envers lui coupable d'une faute très grave. Vous devez respecter toutes les personnes plus âgées que vous, quelles qu'elles soient ; à plus forte raison, votre père et votre mère : ils ont vécu plus que vous, ils sont plus expérimentés et plus sages que vous, ils ont aussi plus souffert que vous ; ils vous aiment plus que vous ne pourrez jamais les aimer.

Il n'est pas besoin que le respect devienne de la crainte ; il serait même mauvais qu'il empêchât les tendres rapprochements qui sont l'une des plus douces joies familiales ; mais il doit exclure le sans-façon qui vous est permis avec vos camarades ou avec vos frères et sœurs.

L'amour et le respect filiaux ne doivent pas s'atténuer à mesure que l'enfant grandit, ni s'il arrive à occuper une situation sociale supérieure à celle des parents. Ils doivent au contraire, s'accroître : en avançant en âge, nos parents acquièrent de nouveaux droits à notre vénération ; ils ont de plus en plus besoin de notre tendresse : à mesure que notre esprit mûrit, nous comprenons mieux l'étendue et la légitimité de nos devoirs.

LECTURE. — En 1784, un grand bal fut donné en l'honneur de Washington. Il s'y rendit avec sa mère.

Vêtue à la vieille mode, très droite malgré ses soixante-dix-huit ans, elle avait un air simple et grand.

Quand elle entra, appuyée sur le bras de son fils, toute l'assistance fut attendrie. On ne pouvait contempler sans admiration le libérateur de l'Amérique conduisant avec un tendre respect la femme à qui il devait sa vie, sa vertu et sa gloire.

« Les jours de danse sont loin de moi, dit Madame Washington ; mais je suis heureuse de prendre part à la joie publique. » Et elle assista gaiement au commencement de la fête.

Lorsque neuf heures sonnèrent, la mère dit à son fils : « Allons, Georges, il est temps que les vieilles gens rentrent chez eux. »

Elle salua l'assemblée et se retira, reconduite par Washington.

J. FABRE (¹).

RÉSUMÉ. — L'amour filial est un sentiment naturel ; mais on peut augmenter l'affection que l'on éprouve spontanément pour ses parents en réfléchissant à tout ce qu'on a reçu d'eux. Il ne faut pas négliger une seule occasion de leur prouver combien on les aime.

On doit aussi les respecter, et l'amour et le respect qu'on ressent pour eux ne doivent pas s'atténuer à mesure que l'on grandit.

MAXIMES. — *Tu dois aimer et respecter ton père et ta mère.*

L'enfant à tout âge doit honneur et respect à ses père et mère.

(Code civil.)

De quelle vertu serais-tu donc capable si tu ne commençais par aimer ta mère ?

SOCRATE.

(¹) Ch. LEBAIGUE, *Le Livre de l'École*. Belin, éditeur.

4. — Soyez reconnaissants envers vos parents.

Mlle Delort, ayant perdu son père et ses frères, est restée seule avec sa mère qui est maintenant âgée et infirme ; la pauvre femme est paralytique ; elle ne se lève pas, elle peut à peine bégayer quelques paroles, il lui faut des soins continus ; c'est Mlle Delort elle-même qui les lui donne.

La nuit, elle couche auprès d'elle ; le jour, elle ne la quitte pas, incessamment appliquée à deviner ses besoins, ses désirs, toujours prête à les satisfaire, toujours douce et souriante, car elle sait que la gaieté est un puissant réconfort pour les malades.

Plusieurs jeunes gens lui ont demandé sa main ; elle les a tous éconduits. « Il me faudrait quitter ma mère, leur répondait-elle ; je ne pourrais plus la soigner autant qu'elle en a besoin. »

Et elle reste ainsi, sans même vouloir qu'on la plaigne, ni davantage qu'on la complimente. Si quelqu'un lui dit parfois qu'elle pourrait être plus heureuse, qu'admirable est son dévouement, elle répond tout simplement : « Ma mère m'a soignée jour et nuit, quand j'étais petite. N'est-ce pas tout naturel que je le lui rende ? Je ne ferai jamais pour elle autant qu'elle a fait pour moi. »

QUESTIONS ET COMMENTAIRES. — Qu'est-ce qu'être paralytique ? — De quels soins a besoin une paralytique ? — Dans quel sentiment Mlle Delort puise-t-elle le courage de consacrer à sa mère sa vie tout entière ? — Pourquoi dit-elle que cela est naturel ?

Vous devez tout à vos parents. Ils vous ont donné la vie, ils vous l'ont conservée grâce à des soins incessants ; ils ont fait tout ce qu'ils ont pu pour vous rendre heureux, pour vous faire instruire, pour vous rendre sages : ne devez-vous pas leur en savoir gré, éprouver pour eux la plus vive reconnaissance, la leur témoigner par vos actes ? C'est un devoir impérieux et les enfants ingrats ont toujours été considérés comme des monstres.

Vous n'aurez sans doute pas à consacrer à vos parents devenus vieux, toute votre vie, à leur sacrifier votre avenir, votre bonheur, ainsi que le fait Mlle Delort ; mais vous devrez subvenir à leurs besoins quand leurs forces amoindries ne leur permettront plus de travailler, quand la maladie les aura frappés et rendus faibles comme des enfants, alors que vous serez vous-mêmes vigoureux comme ils l'étaient jadis. Et dès maintenant vous devez leur rendre service. Ne le pouvez-vous pas de bien des manières ? Que vous n'en négligiez jamais aucune !

RÉSUMÉ. — L'enfant doit tout à ses parents, ils lui ont donné la vie ; ils la lui ont conservée grâce à des soins incessants ; ils ont fait tout ce qu'ils ont pu pour le rendre heureux et sage : il doit éprouver pour eux la plus vive reconnaissance ; il doit la leur témoigner de toutes les façons possibles. Dès maintenant, il peut leur rendre bien des services. Quand il sera grand et fort et qu'eux-mêmes seront affaiblis par l'âge ou la maladie, il devra subvenir à leurs besoins. Il devra même, s'il le faut, sacrifier à leur bonheur son propre intérêt.

MAXIMES. — *Qui délaisse son père et sa mère en leurs nécessités, je vous le dis en vérité, son nom est parmi ceux des parricides.*

LAMENNAIS.

Vous ne ferez jamais pour votre mère ce qu'elle a fait pour vous.

Témoignez à vos parents toute la reconnaissance à laquelle ils ont droit par leurs bienfaits envers vous.

5. — Obéissez à vos parents.

I. Vous devez obéir à vos parents. C'est un moyen de leur témoigner votre respect : désobéir, c'est mépriser l'ordre reçu, et quel enfant voudrait risquer qu'on l'accusât de mépriser les paroles de son père ! C'est un moyen aussi de leur témoigner votre amour et votre reconnaissance : en obéissant, vous leur faites plaisir et vous leur rendez service. C'est enfin la meilleure manière que vous ayez d'agir dans votre intérêt : vous êtes trop jeunes encore pour savoir ce qu'il vous convient de faire ; vos parents qui n'ont d'autre désir que votre sagesse et votre bonheur, vous font profiter de leur raison, de leur expérience. La désobéissance amène toujours des chagrins, des souffrances ; l'obéissance est au contraire récompensée.

LECTURE. — Le petit Jacques regardait d'un œil de convoitise un prunier couvert de beaux fruits bien mûrs. Il aurait eu bonne envie d'en cueillir quelques-uns ; mais son père le lui avait défendu, et il disait tout haut : « Il n'y a ici personne pour me voir, ni mon père, ni le jardinier, personne enfin, et je pourrais bien enlever quelques-unes de ces prunes sans qu'on s'en aperçût ; mais je veux être obéissant, je ne veux pas, pour une satisfaction de gourmandise, manquer à ce qui m'a été prescrit. » Et Jacques allait s'éloigner. Alors son père, qui l'avait écouté derrière un arbre, courut au devant de lui et lui dit : « Viens, mon petit Jacques ; viens mon enfant ; maintenant nous allons cueillir de belles prunes ensemble. »

Xavier MARMIER.

II. Ce ne serait pas obéir que le faire en maugréant. Il

faut obéir au contraire avec empressement et avec joie, librement, pour faire plaisir à ses parents et par devoir.

Quand vous serez grands, raisonnables, capables de vous conduire vous-mêmes, vous ne serez plus aussi étroitement obligés d'obéir à vos parents. Mais encore devrez-vous leur demander souvent conseil, et avoir égard à leurs avis.

RÉSUMÉ. — L'enfant doit obéir à ses parents. C'est une excellente manière de leur prouver son amour, son respect, sa reconnaissance. C'est aussi un bon moyen d'agir dans son intérêt ; l'enfant désobéissant est toujours puni.

Il faut obéir, non en maugréant ou par crainte d'être puni, mais avec empressement et joyeusement.

Quand on est devenu grand, le devoir d'obéissance n'est plus aussi impérieux ; mais l'on doit toujours demander conseil à ses parents.

MAXIMES. — *Vous devez obéir à vos parents avec empressement et avec joie.*

Obéir à ses parents, c'est leur prouver qu'on les aime.

Quand un père a parlé, qu'il est doux d'obéir !

---

6. — Les grands-parents.

Avec le père et la mère, il est encore, dans la famille, d'autres personnes que les enfants doivent aimer et respecter : c'est le grand-père et la grand'mère. Heureux les petits enfants qui les ont encore auprès d'eux !

Si la maman a pour sa fille une très vive tendresse, la grand'maman a pour elle une tendresse extrême, excessive ; si le père aime son fils, le grand-père le gâte. Comme ils sont heureux, les grands-parents, de voir grandir autour d'eux leurs petits-enfants, de rajeunir, de revivre en eux, de se prêter à leurs jeux, d'entendre leurs rires, de leur faire pardonner les petites fautes que papa voulait punir ! Comme leur visage vieilli, ridé, souriant et bon, s'éclaire et s'épanouit d'aise !

Aussi les petits-enfants les aiment à leur tour beaucoup, et leur témoignent l'affection qu'ils ressentent pour eux par toutes sortes de caresses et de câlineries.

Il les respectent aussi ; plus encore, ils les vénèrent. Ils sont si âgés, ces bons grands-parents, ils ont tant vécu, ils ont tant éprouvé de douleurs ou de joies, ils ont si long-temps travaillé ! Leurs rides et leurs cheveux blancs évoquent tant de soucis et de larmes!

Ils leur viennent en aide aussi. Les jambes de grand-papa sont faibles ; les yeux de grand'maman n'y voient plus guère. Les petits-enfants rivalisent entre eux de pré-venances ; c'est à qui, parmi eux, apportera la canne de grand-papa, courra chercher les lunettes de grand-maman.

Aimez-les bien, ces chers grands-parents, donnez à leurs derniers ans un peu de joie et de satisfaction. Il vous reste hélas ! si peu de temps, à les voir encore parmi vous.

LECTURE

LE FUSEAU DE MA GRAND'MÈRE.

Ah ! le bon temps qui s'écoulait
Dans le moulin de mon grand-père !
Pour la veillée on s'assemblait
Près du fauteuil de ma grand'mère ;
Ce que grand-père racontait,
Comme en silence on l'écoutait !
Et comme alors gaîment trottait
Le vieux fuseau de ma grand-mère!

Grand-père était un vieux bonhomme,
Il avait bien près de cent ans ;
Tout était vieux sous son vieux chaume,
Hors les enfants de ses enfants.
Vieux vin dans de vieilles armoires,
Vieille amitié, douce toujours,
Vieilles chansons, vieilles histoires,
Vieux souvenirs des anciens jours !

Grand'mère était la gaîté même ;
On la trouvait toujours riant :
Depuis le jour de son baptême
Elle riait en s'éveillant.
De sa maison, riant asile,
Elle était l'âme : aussi, depuis
Que son fuseau reste immobile,
On ne rit plus dans ce pays.....

E. PLOUVIER (¹).

RÉSUMÉ. — C'est une tendresse excessive que les grands-parents éprouvent pour leur petits-enfants, et c'est leur plaisir le plus vif que de voir ceux-ci naître et grandir, et jouer, rire autour d'eux.

Aussi les petits-enfants, à leur tour, aiment-ils beaucoup leurs grands-parents. Ils les caressent et leur viennent en aide. Ils les respectent et les vénèrent. Ils rendent leurs dernières années douces et agréables.

MAXIMES. — *Vous devez aimez et vénérer vos grands-parents.*

Petit-fils, bâton de vieillesse.

Les caresses de leurs petits-enfants sont les plus douces joies que peuvent goûter les grands-pères et les grand'mères.

(¹) Ch. LEBAIGUE, *Pour nos filles.* (C. moyen.) Belin, édit.

7. — Les frères et sœurs.

Quel est celui qui, ayant des frères ou des sœurs, ne les aime pas? qui voudrait leur voir arriver du mal? qui se réjouirait s'il leur arrivait une contrariété ou un accident? Il n'y a personne dans ce cas. L'amour fraternel est un sentiment naturel, et l'on s'explique aisément qu'il en soit ainsi. Votre frère et votre sœur, c'est presque vous-même, c'est quelqu'un qui porte le même nom que vous, qui vous ressemble, qui aime le père et la mère que vous aimez. Vous vivez sous le même toit, vous vous éveillez à la même heure, vous jouez et vous travaillez ensemble tout le jour, vous vous endormez le soir côte à côte; vous recevez les mêmes soins des mêmes personnes. Vous avez les mêmes affections, les mêmes plaisirs, les mêmes désirs; vos caractères se ressemblent aussi bien que vos visages; vos vies sont communes. Le mal qui les frappe vous atteint; le bien qui leur arrive vous réjouit. C'est ainsi qu'il doit en être entre frères et sœurs.

Quelquefois, dit-on, il s'élève entre eux des jalousies, des querelles; elles sont passagères et s'oublient bien vite. Et il faut qu'il en soit ainsi: frères et sœurs doivent s'entr'aider, se rendre service, et, toute leur vie, se soutenir les uns et les autres contre les difficultés qu'il rencontreront.

LECTURE. — Sur le haut d'une colline aride, trois jeunes oliviers étaient nés l'un près de l'autre, dans un endroit battu du vent et des orages.

Leur tronc était bien mince et leurs branches peu solides.

Chacun d'eux, s'il restait seul, allait bientôt être brisé par la tempête.

« Entrelaçons nos rameaux, dirent-ils, et nous serons l'un pour l'autre un soutien. »

Et ils entrelacèrent leurs rameaux, et leurs branches se mêlèrent si bien, qu'on les prendrait aujourd'hui pour un seul arbre, si on ne voyait sortir du sol leurs trois jeunes troncs séparés.

Et maintenant les vents ont beau souffler, les trois oliviers, se soutenant l'un l'autre, reçoivent sans se rompre les assauts de la tempête.

O mon frère, ô ma sœur, soyons comme ces jeunes arbres qui ont uni leurs branches. Nous aimer les uns les autres sera notre force et en même temps notre bonheur.

G. Bruno (¹).

G. Bruno (1).

RÉSUMÉ. — L'amour fraternel est un sentiment naturel et l'on s'explique aisément qu'il en soit ainsi. Mon frère ou ma sœur, c'est presque moi-même. C'est quelqu'un qui porte le même nom que moi, qui me ressemble, qui a les mêmes père et mère que moi. C'est quelqu'un qui vit de la même vie que moi, qui partage mes joies, mes chagrins, mes désirs et mes affections. Comment pourrais-je ne pas l'aimer ?

Les frères et sœurs ne doivent jamais se quereller ; ils doivent se rendre service toujours.

MAXIMES. — *L'amour fraternel est un sentiment naturel.*

Votre frère ou votre sœur, c'est presque vous-même.

L'union des frères et sœurs fait leur force et en même temps leur bonheur.

(¹) *Le livre de lecture et d'instruction pour l'Adolescent.* Belin, édit.

8. — Les frères et sœurs : les aînés.

LA SŒUR AÎNÉE.

Elle avait ses dix ans à peine,
Qu'on admirait dans la maison,
Dans la maison bruyante et pleine,
Sa bonne humeur et sa raison.

Toujours à bien faire occupée,
Ferme et vaillante avec douceur,
Elle aimait, au lieu de poupée,
Et soignait sa petite sœur.

Elle arrangeait l'affreux bagage
De ses frères désordonnés ;
Et de jolis nœuds, son ouvrage,
Leurs cous rétifs étaient ornés.

Et parfois, dans les cas suprêmes,
À ses yeux vifs ayant recours,
Le père et la maman eux-mêmes
Avaient besoin de son secours.

Aimez-la bien, la sœur aînée,
Retenez-la dans votre nid ,
Car c'est pour vous tous qu'elle est née,
Et votre père la bénit.

V. DE LAPRADE(¹).

(¹) J. BOITEL, *La Récitation appliquée à l'éducation*. A. Colin, édit.

QUESTIONS ET COMMENTAIRES. — Comment appelle-t-on le plus grand frère, la plus grande sœur ? — Que fait la sœur aînée pour sa petite sœur ? — et pour ses frères ? — Elle sait coudre. Elle sait aussi faire la cuisine, le ménage, un peu, tout au moins ; elle a appris tout cela afin d'être capable de rendre service à ses parents. Pourtant elle n'a que dix ans : votre âge. Imitez-la donc et, garçon ou fille aînés, protégez, soignez, aimez vos petites sœurs et vos frères cadets ; remplacez auprès d'eux votre papa ou votre maman empêchés. N'êtes-vous pas assez forts, n'êtes-vous pas assez sages, assez raisonnables ? Surtout ne leur donnez jamais de mauvais exemples. Les petits imitent volontiers les grands : n'enseignez jamais à vos petits frères et à vos jeunes sœurs qu'à faire le bien.

Les aînés doivent être en tout les auxiliaires du papa et de la maman. Parfois même, ils sont obligés de les remplacer. Si la maman meurt, c'est la grande sœur qui tient la maison ; si c'est le père qui disparaît, c'est au frère aîné à gagner le pain de tous ; il devient soutien de famille.

Aussi, on ne se contente pas de les aimer, le frère et la sœur aînés. On les respecte, on leur est reconnaissant, on leur obéit.

RÉSUMÉ. — Le frère ou la sœur aînés doivent protéger, soigner leurs petites sœurs et leurs frères cadets. Ils doivent jouer auprès d'eux le rôle du papa ou de la maman quand ceux-ci sont empêchés. Ils doivent, en particulier, leur donner en toutes circonstances le bon exemple.

Si la maman meurt, c'est la sœur aînée qui doit tenir la maison ; si le papa meurt, c'est le frère aîné qui devient chef de famille.

Les petites sœurs et les petits frères doivent aimer et respecter leurs aînés, et leur obéir.

MAXIMES. — *Aimez et protégez vos frères cadets, vos petites sœurs ; donnez-leur le bon exemple.*

Aimez et respectez votre frère aîné, votre sœur aînée ; obéissez-leur comme à vos parents.

Combien est charmant à voir un enfant qui prend soin de ses frères et de ses sœurs plus jeunes !

BRUNO.

9. — Les parents morts.

LE DERNIER ADIEU.

Quand l'être cher vient d'expirer,
On sent obscurément la perte,
On ne peut pas encor pleurer :
La mort présente déconcerte ;

Et ni le lugubre drap noir,
Ni le *Dies iræ* farouche,
Ne donnent forme au désespoir :
La stupeur clôt l'âme et la bouche.

Incrédule à son propre deuil,
On regarde au fond de la tombe,
Sans rien comprendre à ce cercueil
Sonnant sous la terre qui tombe.

C'est aux premiers regards portés,
En famille, autour de la table,
Sur les sièges plus écartés,
Que se fait l'adieu véritable.

SULLY-PRUDHOMME.

QUESTIONS ET COMMENTAIRES. — Ce n'est pas au moment même où l'on perd une personne aimée, que l'on sent vivement et clairement l'étendue de la perte qu'on a faite. On n'y peut pas croire ; on reste stupide, sans parole, sans pensée, sans pleurs ; on s'imagine malgré soi, malgré le spectacle qu'on a sous les yeux et dont on ne peut nier pourtant a réalité, que le défunt n'est pas mort, qu'il va se réveiller, se relever, reprendre sa vie ordinaire. Plus tard seulement, en voyant une place vide à la table autour de laquelle se groupe la famille, on est obligé de reconnaître qu'il manque quelqu'un qui s'en est allé pour ne revenir jamais plus !

Jamais plus ! Hélas non ! Il a cessé d'être. Nous ne le verrons plus, nous ne pourrons plus le caresser, nous n'entendrons plus sa voix. Mais son souvenir demeure : il n'est pas parti tout entier. Il nous a quittés, mais en laissant dans notre esprit des traces qui ne s'effaceront point. Nous penserons souvent à lui, nous parlerons souvent de lui et ce sera un peu comme s'il était encore au milieu de nous.

Même nous remplirons encore les devoirs que nous avions envers lui de son vivant. Mon père est mort. A-t-il cessé d'être mon père ? Ne lui dois-je plus le respect ? la reconnaissance ? l'affection ? Je lui dois l'obéissance : puis-je enfreindre les ordres qu'il m'a donnés autrefois, ceux qu'il me donnerait s'il était encore près de moi ? Non ; son souvenir, à défaut de sa présence, doit m'empêcher de faire le mal et m'aider dans l'accomplissement du bien. O père chéri, je ne t'oublierai jamais ; jamais je ne cesserai de t'aimer !

RÉSUMÉ. — Nous ne devons pas oublier ceux de nos parents qui sont morts. Nous devons penser à eux et parler d'eux : ce sera un peu comme s'ils étaient encore au milieu de nous. Nous devons conserver pour eux les sentiments que nous éprouvions à leur égard de leur vivant.

MAXIMES. — *Continuez d'aimer ceux de vos parents qui sont morts.*

Penser à ceux qui ne sont plus, c'est les faire revivre un peu.

Il n'est de mort que l'oubli.

L'ÉCOLE

---

10. — Ce que vous devez à l'École.

École où s'abritaient nos vingt ans studieux,
Temple austère, témoin des jours laborieux,
Berceau qui fit de nous des hommes,
Aujourd'hui, fils pieux et tendres, nous voici
Joyeux de te fêter, reconnaissants aussi
De te devoir ce que nous sommes.

CANTRELLE.

QUESTIONS ET COMMENTAIRES. — Ces vers, écrits à l'occasion du 25ᵉ anniversaire de la fondation de l'école normale de la Seine, ont été composés par un instituteur, ancien élève de cette école. Pourquoi dit-il que l'école a fait des hommes de lui et de ses camarades ? — Est-il besoin d'aller à l'école pour grandir, grossir et se fortifier ? — Mais aussi suffit-il d'être grand et fort pour être un homme ? — Ne faut-il pas avoir la raison, c'est-à-dire savoir se conduire, c'est-à-dire être intelligent et bon ? — Et l'école fait devenir l'un et l'autre.

A l'école, on s'instruit ; on apprend à connaître les autres hommes, les animaux et les végétaux, la terre sur laquelle nous vivons ; on apprend à se connaître soi-même ; on apprend ce qu'étaient les hommes qui ont vécu autrefois, ce qu'ils ont fait de bon ou de beau, en quoi l'on doit les imiter, en quoi

l'on doit les surpasser ; on exerce son intelligence, on la fortifie ; on contracte le goût de la cultiver ; on en acquiert les
moyens. Et l'on devient aussi meilleur ; on apprend mieux ce
qu'est le bien ; on le voit pratiquer, et l'on s'habitue à le pratiquer aussi. Le maître ou la maîtresse, c'est un autre père, une
autre mère, qui font pour l'âme ce que le vrai père et la vraie
mère ont fait pour le corps ; l'école est un autre berceau, où
l'âme a besoin de s'abriter quand elle est encore jeune et frêle
comme le corps des petits enfants.

L'instituteur qui a écrit ces vers aimait-il son école ? — N'aimez-
vous pas aussi la vôtre ? — Ne seriez-vous pas joyeux de la fêter
aussi ? — Ne lui êtes-vous pas aussi reconnaissants ? — N'êtes-
vous pas pour elle aussi des fils pieux et tendres ?

RÉSUMÉ. — C'est à l'école qu'on devient vraiment un homme,
c'est-à-dire que l'on s'instruit, et que l'on devient raisonnable et bon.
On y apprend à connaître les autres hommes, la terre, les animaux
et les végétaux, à se connaître soi-même ; on y apprend ce qu'étaient
les hommes d'autrefois ; on y exerce son intelligence, on l'y fortifie ;
on y apprend ce qu'est le bien ; on s'habitue à le pratiquer. En un
mot, l'on y devient plus fort et meilleur.

MAXIMES. — *Sans l'école, les enfants ressembleraient
aux premiers hommes, ils seraient malheureux et ignorants
comme eux.*

L'ignorance est pire que la cécité, pire que la nuit.

---

11. — Devoirs envers l'instituteur ou l'institutrice.

LE MAÎTRE.

Dans la salle de l'école, pendant que les enfants travail-
laient, les yeux fixés sur leurs livres, le maître les regardait.
Il les regardait, et voici ce qu'il se disait tout bas :

« Enfants, vous êtes ma jeune famille, ma famille d'adoption...

« Vous ne savez pas assez combien je vous aime. Ne faut-il pas aimer les enfants pour se dire à soi-même : Je veux passer ma vie à les instruire : je me ferai petit comme eux pour mettre à leur portée ce que j'ai appris ; leurs moments de paresse, leurs étourderies, leur méchanceté même et leur ingratitude, rien ne me découragera.

« Oui, mes enfants, je vous aime... Lorsque, devenus grands, vous appliquerez votre intelligence à l'exercice d'une profession, lorsque vous accomplirez vos devoirs envers les autres et envers vous-mêmes, celui qui le premier a formé vos esprits et vos cœurs aura sa part dans vos efforts et dans vos mérites...

« Enfants, votre maître vous aime, il vous aimera toujours ; que vous demande-t-il en échange ? rien qu'un peu d'attention à ses leçons, un peu de respect pour sa parole, et, si vous avez du cœur, un peu d'affection pour sa personne. »

GUYAU (¹).

QUESTIONS ET COMMENTAIRES. — Que forment les écoliers autour de leur maître ? — Ne sont-ils pas aimés du maître? — Comment le maître leur prouve-t-il son affection? — Qu'est-ce que les écoliers lui doivent en retour ?

Les écoliers sont la famille du maître ou de la maîtresse, sa famille d'adoption ; rien n'est plus vrai : le maître est pour ses élèves comme un père pour ses enfants.

Il les aime. Ne faut-il pas les aimer pour consacrer vingt, vingt-cinq, trente ans de sa vie à se préparer à les instruire, à les élever, pour consacrer ensuite non seulement

---

(¹) LEBAIGUE, *Le livre de l'école.* (C. élém.) Belin, édit.

les heures de classe, mais encore de nombreuses heures de la veillée et de la nuit à leur instruction et à leur éducation ?

Il travaille pour eux, il ne travaille que pour eux. Il leur apprend mille choses, dont ils auront besoin plus tard ; il exerce et fortifie leur intelligence ; il leur enseigne ce qui est bien ; il leur apprend à aimer la vertu et à bien agir. Suivant le mot d'Alexandre, leur vrai père ne leur a donné que la vie ; leur instituteur leur apprend à vivre.

Voir ses anciens élèves heureux et sages sera la meilleure récompense de l'instituteur. Mais dès maintenant, que ses élèves présents lui donnent les satisfactions qu'il est en droit d'attendre d'eux ! Il a droit à leur respect, dans la rue aussi bien qu'en classe, à leur obéissance et à leur docilité : n'est-ce pas pour leur bien qu'il parle ? n'est-il pas plus instruit et plus sage qu'eux ? Il a droit à leur amour : ne leur prodigue-t-il pas le sien sans le mesurer ?

RÉSUMÉ. — Le maître est pour ses élèves comme un père pour ses enfants. Il les aime, il travaille pour eux, il ne travaille que pour eux ; il les instruit et les rend meilleurs ; il les prépare à bien vivre.

Aussi ses élèves doivent-ils l'aimer et le respecter, lui obéir et avoir pour lui une très vive reconnaissance.

MAXIMES. — *Vous devez aimer et respecter votre maître, votre maîtresse.*

On pardonne aux écoliers d'être étourdis, paresseux, ou ne leur pardonnerait pas d'être ingrats envers leur maître.

> *« Aimez-le donc comme il vous aime,*
> *Petits enfants au cœur bien né,*
> *Ce maître qui vous a donné*
> *La meilleure part de soi-même. »*

H. DURAND.

12. — Devoirs envers les camarades.

L'école est une seconde maison paternelle ; les écoliers sont un peu les frères ou les sœurs les uns des autres. Sans doute, ils n'ont pas tous le même nom, ni les mêmes parents ; mais ils ont le même maître, ils vivent ensemble plusieurs heures par jour, ils participent aux mêmes jeux et aux mêmes travaux. Ils ont les uns envers les autres les mêmes devoirs que les frères et sœurs.

Ils doivent s'aimer. Si un élève n'est pas aimé de ses camarades, c'est, ordinairement, qu'il ne les aime pas, qu'il se conduit mal à leur égard ; en témoignant à tous de l'affection, il gagnera le cœur de tous.

Ils doivent s'aider, se rendre de petits services, se prêter à l'occasion de menus objets classiques. Mais ce serait mal comprendre l'intérêt d'un camarade que de lui laisser copier son devoir, que de lui « souffler » sa leçon, que de cacher au maître les fautes qu'il a pu commettre. Certes, il est très mal de dénoncer secrètement un camarade ; mais on a le droit et le devoir de le faire ouvertement lorsqu'il s'agit d'une faute grave que le coupable a la lâcheté de dissimuler : les punitions ont pour objet non pas de nuire aux élèves, mais bien de les améliorer ; aider un camarade à cacher une faute, c'est l'encourager à persévérer dans le vice.

Les camarades ne doivent pas se quereller ni se jalouser ; qu'ils se supportent réciproquement, qu'ils se pardonnent bien des choses. Les plus intelligents, les plus âgés, les plus forts doivent aux autres protection, assistance et bon exemple.

LECTURE. — Un jour, en arrivant près d'une chaumière, je vis un petit paysan qui en battait un autre plus grand et plus âgé que lui ; l'aîné de ces enfants se contentait d'éviter les coups et n'en portait aucun. Je m'approche de ce dernier.

« Est-ce votre frère, lui dis-je, qui vous bat de la sorte ?

— Non, monsieur, répondit le paysan, c'est un de mes camarades.

— Il est bien méchant, repris-je ; et pourquoi, lorsqu'il vous bat ainsi, ne le lui rendez-vous pas ?

— Mais, monsieur, repartit le paysan, je ne peux pas: je suis le plus fort ! »

A ces mots, je me dis tout bas : Voilà un généreux enfant. »

Mme DE GENLIS.

RÉSUMÉ. — Les écoliers sont un peu les frères ou les sœurs les uns des autres ; ils ont les uns envers les autres les mêmes devoirs que les frères et sœurs.

Ils doivent s'aimer, ils doivent se rendre de petits services. Mais ce serait mal comprendre l'intérêt d'un camarade que de lui laisser copier son devoir, que de lui souffler sa leçon, que de l'aider à cacher les fautes qu'il a pu commettre.

Les camarades ne doivent pas se quereller ni se jalouser. Les plus intelligents, les plus âgés, les plus forts doivent aux autres protection, assistance et bon exemple.

MAXIMES. — *Aimez et aidez vos camarades ; obligez-les.*

Nous ne sommes pas des amis, mais des frères ; nous sommes unis non par le sang, mais par le cœur.

(Devise des bons camarades).

De l'émulation distinguez bien l'envie.

VOLTAIRE.

Tout camarade est un ami en espérance.

COMPAYRÉ.

---

13. — Devoirs de l'écolier envers lui-même.

UNE BONNE JOURNÉE.

De son pupitre d'écolier
Il n'ose pas lever la tête ;
Jamais sa plume ne s'arrête,
Tant il s'applique à travailler.

En classe toujours le premier,
Comme il y porte un air de fête !
Il sait qu'une œuvre gaîment faite
Porte bonheur à l'ouvrier.

Neuf ans ! Il a hâte d'apprendre ;
De bon matin il faut s'y prendre
Pour ne pas rester en chemin.

Dans la chaire où s'assied le maître,
Un jour il montera peut-être,
Pour peu qu'on lui tende la main.

H. DURAND.

QUESTIONS ET COMMENTAIRES. — Suffit-il d'aimer le maître ? — Ne faut-il pas aussi aimer l'école, aimer l'étude ? — Comment doit-on travailler ? — Pourquoi le maître est-il parfois sévère ? — C'est qu'il veut le vrai bien de ses élèves, qui est non pas de jouer et de rire en classe, mais de s'instruire et de fortifier leur intelligence pour se préparer à être des hommes utiles et heureux par leur travail ; c'est que la discipline est simplement un moyen d'empêcher deux ou trois mauvais sujets de troubler le silence et l'ordre, qui sont nécessaires à tous. Les paresseux seuls s'ennuient en classe ; les bons élèves y trouvent le temps trop court Ils savent d'ailleurs qu'en travaillant bien, non seulement ils font des progrès, mais encore ils prouvent à leur maître et à leurs parents qu'ils les aiment comme ils le doivent.

Même après avoir quitté l'école, il faut encore aimer l'étude. Sans doute, vous ne ferez pas tous comme l'écolier dont il est question plus haut, vous ne deviendrez pas tous des instituteurs ; mais, ouvriers ou agriculteurs, vous devrez encore aimer à vous instruire, suivre assidûment les cours d'adultes, assister aux conférences, questionner les personnes instruites, lire de bons journaux. C'est l'intelligence qui est la vraie force de l'homme, et l'intelligence se rouille si on ne la fait pas sans cesse travailler.

RÉSUMÉ. — Ce n'est pas assez d'aimer le maître. Il faut encore aimer l'école et l'étude. Il faut venir en classe avec joie et travailler gaîment. La discipline est le seul moyen d'assurer le silence, l'ordre nécessaires, et le bon élève sera le premier à recueillir la récompense de son travail.

Après avoir quitté l'école, on doit encore chercher à s'instruire.

MAXIMES. — *Il faut aimer l'école et l'étude.*

En classe, il faut travailler gaîment.

Sachez qu'une œuvre gaîment faite
Porte bonheur à l'ouvrier.

LA PATRIE

14. — Ce que nous devons à la patrie.

Vous avez sans doute entendu parler du mal du pays, de
la nostalgie. Un jeune soldat qu'on vient d'envoyer dans
une garnison éloignée, un ouvrier qui va travailler au loin,
un montagnard qui part pour Paris, sont pris du regret
d'avoir quitté leur pays natal ; le regret devient chagrin, le
chagrin, mélancolie, et ils tombent malades.

L'amour du village natal, surtout lorsqu'il est ainsi exa-
géré, est un sentiment trop étroit. Ce n'est pas seulement
la maison où l'on est né qu'il faut aimer, les rues, les prés
et les bois où l'on a couru tout enfant, c'est notre patrie
tout entière, c'est toute la France.

Notre patrie, c'est une vaste étendue de territoire, qui va
des plaines de Flandre aux coteaux ensoleillés du Langue-
doc, des côtes brumeuses de l'Atlantique aux pics des
Alpes recouverts de neiges et de glaces étincelantes.

C'est la réunion de tous les Français, nos compatriotes,
nos frères puisqu'ils ont le même nom que nous. Nous
sommes d'ailleurs de la même race ; petits ou grands,
blonds ou bruns, nous nous ressemblons tous un peu ;
nous parlons la même langue ; sauf quelques coutumes

locales qui d'ailleurs tendent à disparaître, nous avons les mêmes habitudes, les mêmes mœurs ; nous avons le même désir, voir la France heureuse et forte. Nos pères, d'ailleurs, étaient unis déjà par des sentiments analogues ; depuis des siècles, ils se sont aimés et entr'aidés. Comment pourrions-nous ne pas continuer cette tradition ? Comment pourrions-nous ne pas aimer nos compatriotes et notre patrie ?

Nous lui devons le droit d'être fiers de son passé glorieux.

Elle est la patrie de tant de grands hommes ; penseurs : Descartes, Pascal, Voltaire, Rousseau, Diderot, Auguste Comte ; écrivains : Corneille, Racine, Molière, Victor Hugo ; artistes, savants, hommes politiques, hommes de guerre. Elle a souffert (ses guerres, ses défaites) ; elle est toujours restée grande (ses victoires, ses gloires). C'est une des premières nations du globe ; elle est belle et forte, quoi qu'on dise ; elle est pleine de vitalité, et toujours elle a été le champion de la raison, du droit et de la justice. Par la Révolution de 1789, elle a renouvelé la face de l'Europe.

Vous lui devez aussi, vous, en particulier, ce qu'elle fait pour vous instruire, pour éclairer et fortifier votre intelligence, pour améliorer votre volonté.

LECTURE. — Avez-vous quelquefois pensé à ce qu'est une école ? Vous voilà bien installés sur les bancs ; il fait bon ici ; on y est bien pour travailler ; un maître ou une maîtresse vous dirige, vous encourage et vous enseigne. Il ne vous faut plus qu'un peu de bonne volonté pour vous instruire. A qui devez-vous tous ces bienfaits ? Qui a bâti pour vous cette école ? Qui vous autorise à y venir jusqu'à ce que vous soyez en âge d'aller apprendre un état ? Qui prend soin de faire de vous tous, pour peu que vous vous y prêtiez, de bons enfants et plus tard de bons citoyens? Qui fait tout cela pour vous, mes enfants? C'est la patrie. La patrie est donc pour vous une bienfaitrice : vous lui devez de la reconnaissance et de l'attachement.

LEBAIGUE.

RÉSUMÉ. — Notre patrie, c'est la vaste étendue de territoire qui s'appelle la France. C'est aussi la réunion de tous les Français, nos compatriotes, nos pères. C'est enfin la nation que nos aïeux ont travaillé à former, à agrandir et à rendre glorieuse, la nation que nous voulons voir nous-mêmes heureuse et forte.

Nous devons à notre patrie le droit d'être fiers de son passé glorieux : nous lui devons, nous, écoliers, ce qu'elle fait pour nous instruire et pour nous rendre meilleurs.

MAXIMES. — *On ne peut pas vivre sans pain.*

On ne peut pas non plus vivre sans sa patrie.

V. HUGO.

Le pays où l'on est né, c'est comme le sol où l'arbre pousse : on y tient par toutes ses fibres.

---

15. — Il faut aimer sa patrie.

LE RETOUR EN FRANCE.

Je me rappelle que, lorsque j'arrivai en France sur un vaisseau qui venait des Indes, dès que les matelots eurent distingué la terre de la patrie, ils devinrent pour la plupart incapables d'aucune manœuvre. Les uns la regardaient sans pouvoir en détourner les yeux; d'autres mettaient leurs beaux habits; il y en avait qui parlaient tout seuls ; quelques-uns pleuraient. A mesure que nous approchions, le trouble de leurs têtes augmentait : ils ne pouvaient se lasser d'admirer la verdure des collines, le feuillage des arbres et jusqu'aux rochers du rivage couverts d'algues et de mousse... Les clochers des villages où ils étaient nés, qu'ils reconnaissaient de loin dans les campagnes, les remplissaient d'allégresse. Mais, quand le vaisseau entra dans le port, et qu'ils virent sur les quais, leurs amis, leurs pères, leurs mères, leurs enfants, il fut impossible d'en retenir un seul à bord. Tous sautèrent à terre, et il fallut suppléer aux besoins du vaisseau par un autre équipage.

BERNARDIN DE St-PIERRE.

QUESTIONS ET COMMENTAIRES. — Quel est le sentiment qui s'empara des matelots lorsqu'ils revirent la terre de France? — Comment ce sentiment s'est-il manifesté ? — Par quoi est-il déterminé (vue de la terre française, vue du pays natal ; vue des parents et des amis qui les attendent, souvenirs des joies goûtées au pays, souvenir aussi des douleurs éprouvées durant l'absence)? Ils vont revoir tout ce qu'ils aiment.

Il faut aimer sa patrie. Comment ne pourrait-on pas éprouver pour elle l'affection la plus profonde? Elle est le sol où nous sommes nés et qui nous nourrit, dans le sein duquel reposent les ossements de nos ancêtres; elle est la réunion de tous les Français, nos compatriotes, nos frères; elle nous a légué le passé le plus glorieux; elle ne cesse pas de travailler à nous rendre heureux et bons. Il faut aimer sa patrie ainsi que l'on aime sa mère.

On peut manifester son patriotisme de bien des manières. En combattant pour défendre sa patrie contre l'étranger, ou en apprenant à combattre, en remplissant en un mot ses obligations de soldat; en obéissant aux lois; en accomplissant ses devoirs de citoyen ; en contribuant aux progrès de la science ; en exécutant de belles œuvres d'art ; en agissant selon le droit et la justice, conformément aux nobles traditions françaises, c'est-à-dire en s'efforçant de perpétuer le renom glorieux de notre patrie ; en travaillant à l'école, en s'y instruisant, en y prenant de bonnes habitudes, en s'y préparant à devenir des hommes dignes du nom de Français. Dès maintenant, vous pouvez manifester l'amour que vous éprouvez pour votre patrie.

RÉSUMÉ. — Il faut aimer sa patrie.

On peut manifester son patriotisme de bien des manières : en combattant pour défendre le pays, en obéissant aux lois, en contribuant aux progrès de la science, de l'art, en agissant selon le droit et la justice, c'est-à-dire en s'efforçant de perpétuer le renom glorieux de notre patrie ; en travaillant à l'école, en s'y préparant à devenir dignes du nom de Français.

MAXIMES. — *Vous devez aimer et honorer votre patrie.*

Gloire à notre France éternelle !

V. Hugo.

---

16. — Les devoirs civiques.

La Prusse tient Paris, et, tigresse, elle mord
Ce grand cœur palpitant du monde, à moitié mort.
Eh bien ! dans ce Paris, sous l'étreinte inhumaine,
L'homme n'est que Français, et la femme est Romaine.
Elles acceptent tout, les femmes de Paris.
Leur âtre éteint, leurs pieds par le verglas meurtris,
Aux seuils noirs des bouchers les attentes nocturnes,

La neige et l'ouragan vidant leurs froides urnes,
La famine, l'horreur, le combat, sans rien voir
Que la grande patrie et que le grand devoir !

V. Hugo.

QUESTIONS ET COMMENTAIRES. — Pendant l'hiver de 1870-71, Paris était assiégé par les Prussiens. La grande ville devait à la fin se rendre, mais seulement après des prodiges de vaillance accomplis tant par les habitants que par la garnison. Cependant, le courage des femmes fut encore plus grand que celui de leurs frères et de leurs maris ; elles eurent l'héroïsme des anciennes Romaines. Le matin, avant le jour, dans l'obscurité des rues sans gaz, sous la neige et les rafales de vent, leurs pieds meurtris dans la boue, elles demeuraient de longues heures à la porte des bouchers et des boulangers, attendant le morceau de pain noir ou de mauvaise viande qui seul empêcherait de mourir de faim, elles et leurs familles, ne s'effrayant ni du canon qui grondait, ni des obus qui éclataient, ne répondant que par des paroles d'espérance aux nouvelles de nos défaites. Elles acceptaient toutes les souffrances : ne songeant qu'à la patrie, elles aimaient mieux la plus horrible misère que la capitulation.

Les femmes n'ont-elles des devoirs à remplir envers la patrie qu'en temps de guerre ? — Que peuvent-elles faire pendant la paix ? — Comment élèveront-elles leurs fils ? — Et leurs filles ? — Les femmes ont-elles les mêmes devoirs et les mêmes droits que les citoyens ? — Mais n'ont-elles pas vis-à-vis de la société, de la patrie, une tâche aussi noble, aussi grande ? — Quels sont les devoirs civiques des hommes ? — Ils doivent voter, chaque fois qu'ils sont appelés à le faire, et voter de leur mieux, après avoir examiné la valeur des candidats et mûrement réfléchi. Ils doivent obéir aux lois et s'opposer, s'ils le peuvent, à ce que d'autres les enfreignent. Ils doivent accomplir leur service militaire, payer leurs impôts et acquitter les taxes d'octroi, de douane ou autres que prélève l'État. Ils doivent en toutes circonstances agir en bons citoyens.

RÉSUMÉ. — Quand la patrie est en danger, chacun doit faire tout ce qu'il peut pour la défendre. En temps de paix, on manifeste son patriotisme en accomplissant exactement ses devoirs civiques.

Tout Français doit obéir aux lois, accomplir son service militaire, payer ses impôts, voter quand on l'invite à le faire. Le vote doit toujours être éclairé et réfléchi.

Les femmes n'ont ni les droits ni les devoirs des citoyens. Mais elles doivent préparer leurs enfants à être de bons Français.

MAXIMES. — *Les hommes servent la patrie avec leurs bras, les femmes avec leur cœur.*

O femmes, c'est à tort qu'on vous nomme timides ;
A la voix de vos cœurs, vous êtes intrépides.

E. LEGOUVÉ.

LA SOCIÉTÉ, L'HUMANITE

17. — La famille humaine; la fraternité humaine.

Voici comment un roi d'un ancien peuple asiatique se vantait d'avoir traité les habitants d'une ville insurgée :

« J'en tuai un sur deux. Je construisis un mur devant les grandes portes de la ville ; je fis écorcher les chefs de la révolte et je couvris le mur avec leur peau. Quelques-uns furent murés vifs dans la maçonnerie, d'autres crucifiés ou empalés le long du mur... Je fis assembler leurs têtes en forme de couronnes et leurs corps transpercés en forme de guirlandes. »

A chaque campagne, d'ailleurs, ces énumérations de supplices reviennent : « Aux uns, j'ai coupé les mains et les pieds, aux autres le nez et les oreilles, à d'autres j'ai crevé les yeux. J'ai fait un mur auprès de la ville pour y enfermer les prisonniers vivants et un autre pour y exposer les têtes des morts. »

MÉNARD (¹).

QUESTIONS ET COMMENTAIRES. — Vous frémissez d'horreur au récit de pareilles atrocités; il vous semble incon-

---

(¹) *Histoire des anciens peuples de l'Orient.* Delagrave, édit.

cevable qu'un roi, qu'un homme, puisse traiter d'autres hommes, fussent-ils insurgés contre son pouvoir, avec une pareille barbarie. Aujourd'hui, d'ailleurs, sauf chez les peuples sauvages, personne ne se trouverait pour agir ainsi. Nous avons une plus haute estime de la vie humaine ; nous sentons davantage les liens qui nous unissent aux autres hommes ; nous savons mieux que tous les hommes sont frères.

Ne se ressemble-t-on pas entre camarades ? — entre compatriotes ? — et même entre hommes de races différentes ? — Quelles ressemblances physiques y a-t-il entre tous les hommes ? — N'ont-ils pas la même forme générale du corps ? — la même faculté de se tenir debout ? — de regarder le ciel ? — N'ont-ils pas les mêmes organes intérieurs ? — Et ces organes n'agissent-ils pas de la même façon chez tous les hommes ? — Ils ont des ressemblances morales aussi : la faculté de comprendre, de concevoir et d'acquérir des idées, la faculté de sentir, d'éprouver des plaisirs et des douleurs, des joies et des peines, des espérances et des craintes : une négresse aime son enfant autant que peut le faire une Française ; la faculté de vouloir, d'agir ; le devoir d'agir de son mieux, suivant la loi morale que tous cherchent à connaître et s'appliquent à observer ; le même sort enfin, qui, malgré des différences innombrables, nous fait tous naître, grandir, mourir, suivant une règle immuable et mystérieuse.

Il y a actuellement sur la terre des centaines et des centaines de millions d'hommes ; il y en a eu, il y en aura des centaines et des centaines de milliards ; vous êtes le frère de tous, de ceux qui vivent aujourd'hui, de ceux qui vécurent jadis, de ceux qui vivront d'ici des milliers d'années. Cela est si vrai, que vous avez éprouvé tout à l'heure une irrésistible pitié pour ces Asiatiques qu'un roi barbare suppliciait voici trois mille ans.

RÉSUMÉ. — Tous les hommes ont entre eux des ressemblances considérables. Des ressemblances physiques d'abord : même forme générale du corps, même taille ou à peu près, même faculté de se tenir debout, mêmes organes intérieurs agissant de pareille façon. Des ressemblances morales aussi : la faculté de comprendre, la faculté de sentir, d'être heureux ou de souffrir, la faculté de vouloir, d'agir, le devoir d'agir de son mieux ; le même sort enfin, qui est de naître de grandir et de mourir.

Tous les hommes sont frères ; bien plus, les hommes d'aujourd'hui sont les frères de tous ceux qui ont vécu et de tous ceux qui vivront.

MAXIMES. — *Les hommes sont comme les feuilles d'un même arbre : il n'y en a pas deux qui se ressemblent tout à fait ; mais toutes se ressemblent beaucoup.*

Je suis homme et rien de ce qui touche à l'homme ne m'est étranger.

TÉRENCE.

L'habit ne fait pas le moine, la couleur ne fait pas l'homme.

VESSIOT.

---

18. — Ce que nous devons aux autres hommes. La solidarité humaine.

LES MÉTIERS.

Sans le paysan, aurais-tu du pain ?
C'est avec le blé qu'on fait la farine ;
L'homme et les enfants, tous mourraient de faim,
Si dans la vallée et sur la colline
On ne labourait et soir et matin.

Sans le boulanger, qui ferait la miche ?
Sans le bûcheron, roi de la forêt,
Sans poutres, comment est-ce qu'on ferait
La maison du pauvre et celle du riche ?
Même notre chien n'aurait pas sa niche !

Sans le tisserand, qui ferait la toile?
Et sans le tailleur, qui coudrait l'habit?
Il ne fait pas chaud à la belle étoile !
Irons-nous tout nus le jour et la nuit,
Et l'hiver surtout, quand le nez bleuit?

Aimez les métiers, le mien et les vôtres.
On voit bien des sots, pas de sot métier ;
Et toute la terre est comme un chantier
Où chaque métier sert à tous les autres,
Et tout travailleur sert au monde entier.

J. AICARD (¹).

QUESTIONS ET COMMENTAIRES. — Pourriez-vous vivre sans manger? — sans vous vêtir? — sans vous abriter dans une maison? — Or, à qui devez-vous vos aliments, vos habits et votre maison ? — Sans le paysan, auriez-vous du pain ? — Et l'auriez-vous sans le meunier et le boulanger? — Sans le bûcheron et sans le maçon, qui bâtirait votre maison? — Et ne leur faut-il pas l'assistance du terrassier, du charpentier, du couvreur, du plâtrier, du peintre, du serrurier, du menuisier, etc... ? — Sans le tisserand, qui ferait la toile ? — Et sans le tailleur et la couturière, qui coudrait vos vestes et vos robes ?

Pour vivre, vous avez donc besoin de toutes les personnes que nous venons de citer et de beaucoup d'autres encore.

Qui fabrique la charrue du paysan ? — Qui en aiguise le soc? Qui confectionne ou répare les harnais de ses bœufs ou de ses chevaux ? — Qui a taillé la meule du moulin ? — Qui a fabriqué les outils du terrassier, du charpentier, du tailleur, de la couturière? les pelles, les haches, les aiguilles, les ciseaux? — D'où vient le fer dont ils sont faits ? — Qui a extrait le minerai et la houille? — D'où viennent l'ardoise et la pierre de taille ? —

(¹) *Le livre des petits*, Delagrave, édit.

D'où vient le coton dont a été tissée l'étoffe de vos vêtements ? —
Qui a planté le cotonnier ? — Qui en a cueilli les houppes ? —
Qui les a envoyées en France ? — Comment y sont-elles venues ?
— Qui conduisait le navire ? — Qui a inventé la charrue ? —
Qui a inventé la meule, la roue ou les ailes du moulin ? — Qui
a inventé la machine à vapeur ? — Quel est l'homme qui a
construit le premier bateau à vapeur ?

Pour vivre, vous avez donc besoin, non seulement des
ouvriers de votre village, mais de tous les ouvriers du monde.
Vous profitez même du travail des hommes qui ont vécu
longtemps avant vous. Tous les hommes sont solidaires. —
Tout travailleur sert au monde entier, et chacun de vous a
besoin de tous les travailleurs du monde.

RÉSUMÉ. — Pour vivre, nous avons besoin de tous les ouvriers
du monde : du paysan, du meunier, du boulanger, qui nous donnent
du pain ; du charpentier, du maçon, qui construisent notre maison ;
du tisserand, du tailleur, de la couturière, qui confectionnent nos vêtements ; de tous ceux qui fabriquent les outils, les instruments de
toutes sortes, qui extraient le fer et la houille, qui procurent les
matières premières. Nous utilisons le travail de tous les hommes qui
ont vécu avant nous, celui de tous les ouvriers, celui de tous les
inventeurs. Tous les hommes sont solidaires : tout travailleur sert
au monde entier et chacun d'entre nous a besoin, *pour ne pas mourir*,
de tous les travailleurs du monde.

MAXIMES. — *Tout travailleur sert au monde entier.*

*Pour vivre, chacun de nous a besoin de tous les travail-
leurs du monde.*

19. — Il faut aimer les autres hommes.

... Le père est mort depuis quatre mois. La maison
Est trop chère à louer, et pour cette raison

La mère chez autrui va devenir servante.
On se retrouvera pour la saison suivante,
Quand on aura gagné quelque argent cet été.
En attendant, chacun s'en va de son côté.
Les petits prennent leur baluchon sur l'épaule
Et mettent leurs sabots au bout garni de tôle ;
Et quand la mère, avec des sanglots dans la voix,
A baisé le dernier une dernière fois,
Ils partent, se tenant par la main, d'un air grave.
L'aîné siffle un refrain pour paraître plus brave ;
Mais il sent de gros pleurs lui rouler dans les yeux.

J. RICHEPIN.

QUESTIONS ET COMMENTAIRES. — Le père est mort. La mère a trois enfants à sa charge ; elle est sans ressources. Elle entrera quelque part comme servante, et les enfants iront par les routes vendre les corbeilles d'osier qu'elle fabriqua durant l'hiver.

Pauvres enfants ! leur achètera-t-on leur marchandise ? — Trouveront-ils du pain pour apaiser leur faim, une cheminée où se réchauffer, une chaise où se reposer, un toit où passer la nuit ? — Ne les prendra-t-on pas plutôt pour des vagabonds ? — Ne les chassera-t-on pas comme tels ? — Ne vont-ils pas, sur une route déserte, mourir de fatigue, de froid ou de faim ? — Pauvres enfants ! Ne se trouvera-t-il donc personne pour les recueillir et leur donner ce dont ils ont besoin ?

Tous les hommes sont frères. Les frères s'aiment entre eux. Donc nous devons aimer tous les hommes. Les frères s'aident entre eux. Donc nous devons aider les autres.

Nous devons nous réjouir du bonheur qui leur arrive. Mais s'ils souffrent, nous n'avons pas le droit de nous enfermer dans notre plaisir égoïste. S'ils sont faibles, fatigués, malades, nous devons les soutenir, les consoler, les soigner, compatir à leurs douleurs. S'ils ont froid, nous devons leur faire une place à notre foyer. S'ils ont faim, nous devons leur donner la moitié de notre pain.

Vous le sentez bien, et je suis certain que si vous connaissiez des enfants comme ceux dont je vous parlais tout à l'heure, vous auriez pitié d'eux, vous vous efforceriez de les arracher à leur déplorable sort.

RÉSUMÉ. — Tous les hommes sont frères et ils doivent s'aimer les uns les autres comme des frères. Le bonheur de l'un d'eux doit réjouir tous les autres, la peine de chacun doit les affliger tous. Ils doivent se secourir en cas de besoin, se consoler mutuellement, s'aider le plus possible à améliorer leur sort, parce qu'en contribuant au bonheur de tous, l'homme prépare son propre bonheur.

MAXIMES. — *Bonté vaut mieux que richesse.*

Aimons-nous les uns les autres.

Ne fais pas à autrui ce que tu ne voudrais pas qu'on te fît.

Fais à autrui ce que tu voudrais qu'on te fît.

---

20. — Il faut respecter la vie des autres.

Une fois tapi dans les broussailles, le Sanglier ne fit aucune réflexion ; il attendit. Comme le tigre qui guette sa proie, et chez qui l'instinct féroce seul est vivant, Pancol, le cerveau vide d'idées, ... cherchait impatiemment la lanterne qui devait lui annoncer l'approche de son ennemi. Par un mouvement machinal, il passait et repassait la lame de son couteau sur la paume de sa main gauche, ayant l'air de l'aiguiser. Tout à coup, une lueur vague apparut ! Le Sanglier essuya ses yeux, offusqués par les rasades d'eau-de-vie et par le sang qui lui inondait la tête à flots, et regarda : c'était la lanterne ! Il éprouva les tressaillements d'une joie sauvage. D'abord des bruits indistincts arrivèrent jusqu'à lui, puis bientôt il démêla des paroles... On avançait de plus en plus... Encore quelques pas, et le curé se trouvait à portée de sa main.

« ... Où a-t-il donc cueilli ces champignons ? demandait le desservant.

— Il va vous le dire lui-même », répondit la vieille.

Au même instant, elle souffla la lanterne, et Pancol bondit sur le curé.

FERDINAND FABRE (1).

QUESTIONS ET COMMENTAIRES. — Pancol, un paysan cévenol que sa brutalité a fait surnommer le Sanglier, et sa vieille mère, ont conçu une haine mortelle contre le curé Courbezon. Ils l'attirent dans un guet-apens. La vieille, la nuit venue, est allée chercher le curé, lui disant que son fils venait de s'empoisonner en mangeant des champignons, et elle l'amène à l'endroit où Pancol le guette. A qui l'auteur compare-t-il Pancol ? Et nulle comparaison ne saurait être plus juste. — Le cerveau du Sanglier est « vide d'idées » ; il n'y a plus de vivant en lui qu'un *instinct féroce ;* c'est par un mouvement « machinal » qu'il passe la lame de son couteau sur la paume de sa main ; c'est une *joie sauvage* qui s'éveille en lui lorsqu'il aperçoit venir sa victime. Cet homme n'a plus rien d'humain ; ce n'est plus qu'une bête féroce. En peut-il être autrement, puisque le voilà sur le point de tuer un homme ?

Que l'homicide ait pour mobile la colère, la cupidité, ou la haine, il n'en est pas moins horrible. Vous le sentez bien ; et vous le comprendrez mieux encore en songeant

______

(1) *Les Courbezon.* Fasquelle, édit.

que le meurtrier n'atteint pas seulement sa victime, mais les parents et les amis de celle-ci, et tous les hommes, puisque tous les hommes sont frères, puisque tous les hommes sont solidaires.

Celui qui, sans aller jusqu'à l'assassinat, frappe et blesse son prochain commet aussi une faute très grave.

D'ailleurs bien des rixes sont mortelles. Ne vous querellez donc jamais, pas plus quand vous serez grands et forts que maintenant à l'école ; évitez les occasions de dispute, et combattez en vous, s'il y a lieu, l'inclination à la colère, à la haine, ou à la vengeance. — N'y a-t-il pas un genre d'homicide qu'on glorifie et qui est coupable? — Qu'est-ce que le duel?— Pourquoi est-il blâmable?

RÉSUMÉ. — Que l'homicide ait pour mobile la haine, la colère, la cupidité, il est dans tous les cas horrible. Il l'est d'autant plus que le meurtrier n'atteint pas seulement sa victime, mais les parents et les amis de celle-ci, et tous les hommes, puisque tous les les hommes sont frères, puisque tous les hommes sont solidaires. Frapper et blesser son prochain est aussi une faute très grave. Il faut donc éviter toutes les querelles, toutes les occasions de dispute ; il faut donc combattre en soi l'inclination à la colère, à la haine ou à la vengeance. Le duel est un homicide très blâmable parce qu'il a pour causes le ressentiment ou la colère.

MAXIMES. — *Tu ne tueras point.*
Tu ne frapperas point tes semblables.
Maîtrise ta colère.

---

21. — Il faut respecter la liberté des autres.

Honnête et assez riche négociant, M. Varambot, au retour d'un long voyage, trouve ses affaires compromises par l'insouciance et la prodigalité de sa fille et de son gendre, et surprend un de ses principaux employés en train de le voler. Il se fâche contre son gendre, malmène l'employé larron et menace de les traduire devant la justice.

Les coupables, effrayés du châtiment qui les menace, imaginent alors de faire passer pour de la folie, la colère et l'exaltation qu'a montrées M. Varambot, puis de le faire enfermer comme aliéné. Ils y réussissent, grâce à la complicité d'un médecin, et M. Varambot voit se refermer sur lui la porte d'un cabanon.

QUESTIONS ET COMMENTAIRES. — Ce récit résume le début d'une pièce (¹) qu'a jouée un théâtre de Paris ; les critiques se sont accordés à constater que les données en sont vraisemblables ; le crime qu'ont commis les bourreaux de M. Varambot n'est pas impossible.

N'ont-ils pas commis un véritable crime ? — Ne pouvez-vous pas le comparer à un homicide ? — Pourquoi ? — N'est-ce pas presque tuer un homme que de l'enfermer pour toujours, de le priver à jamais de sa liberté ? — Et ne préfère-t-on pas souvent la liberté à la vie ? — En ôtant la liberté de travailler à un homme, ne prive-t-on pas la société tout entière de ses services ? — Et n'avons-nous pas le devoir strict de respecter la liberté d'autrui puisqu'elle est une condition du bien-être général, de la prospérité de tous ?

Nous devons la respecter jusque dans leurs pensées, dans leurs opinions. Sommes-nous sûrs, quand leur avis diffère du nôtre, qu'ils n'aient pas raison ? Les plus intolérants souvent sont précisément les plus ignorants. Et si nous sommes certains qu'ils se trompent, éclairons-les — c'est notre devoir — tâchons de les persuader, de les amener à voir à leur tour la vérité, mais ne cherchons point à leur imposer nos idées de force.

(¹) *En paix*, par M. Bruyerre.

Outre que nous n'y réussirions sans doute pas, nous porterions une grave atteinte à leur liberté de conscience.

RÉSUMÉ. — Séquestrer quelqu'un est un véritable crime ; porter atteinte à sa liberté en quelque manière que ce soit est toujours une faute très grave. Tout homme a le droit d'agir à sa guise, à la condition de ne pas gêner autrui : chacun est tenu de respecter cette liberté.

On doit respecter aussi la liberté de pensée. Quand nous sommes certains que d'autres se trompent, éclairons-les, instruisons-les ; c'est notre devoir ; mais ne cherchons pas à leur imposer nos idées de force.

MAXIMES. — *Il faut respecter la liberté des autres.*

Nous devons respecter aussi leur liberté de penser.

Les plus intolérants sont souvent les plus ignorants.

---

22. — Il faut respecter la propriété des autres.

LE MARCHAND DE MARRONS.

Un paysan traversait souvent notre faubourg avec un âne chargé de fruits, et s'arrêtait vis-à-vis de notre maison. Groupés devant l'âne, nous regardions son fardeau avec des yeux d'envie.

Un jour, la tentation fut trop forte. L'âne portait un sac dont les déchirures laissaient voir de beaux marrons lustrés, qui avaient l'air de se mettre à la fenêtre pour provoquer notre gourmandise. Les plus hardis se les montraient de l'œil, et l'un d'eux proposa d'élargir l'ouverture.

On mit la chose en délibération ; je fus le seul à m'y opposer.

Comme la majorité faisait la loi, on allait passer à l'exécution, lorsque je me jetai devant le sac en criant que personne n'y toucherait.

E. SOUVESTRE.

QUESTIONS ET COMMENTAIRES. — Aimez-vous les fruits, et, en particulier, les marrons ? — Vous seriez-vous arrêtés, comme vos camarades, devant ceux que portait l'âne du paysan ? — Auraient-ils provoqué votre gourmandise ? — Dans la délibération, de quel parti auriez-vous été ? — Pas avec la majorité, je veux l'espérer ; vous vous seriez joints au contraire à celui qui, si courageusement, déclarait vouloir défendre le sac.

Car prendre quoi que ce soit à autrui, c'est voler, et l'on ne doit pas voler. Vous le savez bien, et vous devinez pourquoi. Qu'aurait dit le pauvre marchand, en voyant son sac vide et, je suppose, les mauvais sujets disparus ? — N'aurait-il pas ressenti un chagrin très vif ? — Or il faut aimer tous les hommes, éviter de leur faire le moindre mal. — Peut-être était-il sans ressources ? — Sans le produit de la vente de ses marrons, il n'aurait pu acheter de nouveaux fruits. Il aurait été forcé de cesser son petit commerce. Ses clients, par suite, se seraient trouvés privés de ses services. En le volant, on leur aurait nui à eux aussi. Si l'on attente à la propriété d'un seul homme, on porte préjudice à tous. D'ailleurs, si le vol était ordinaire dans un pays, ce serait un pays barbare ; ni la société, ni la civilisation n'y seraient possibles. Aussi, outre le mépris que chacun leur témoigne, les voleurs encourent de graves punitions.

On ne vole pas seulement en prenant l'argent d'autrui dans son coffre-fort ; mais encore en le trompant sur le poids ou la qualité de la marchandise vendue, en gardant de l'argent indûment reçu, en faisant circuler de la fausse monnaie, en s'appropriant un objet trouvé, en trichant au jeu, en fraudant l'octroi, les douanes ou toute autre administration, en abusant de la confiance de quelqu'un. Qu'il revête l'une ou l'autre de ces formes, le vol est toujours condamnable; on ne doit jamais s'en rendre coupable.

RÉSUMÉ. — Voler quelqu'un, c'est lui nuire, et nul ne doit nuire à autrui; voler un seul homme, c'est porter préjudice à tous: on ne doit donc pas voler; on doit être en toutes circonstances parfaitement probe.

Ce serait voler que tromper sur le poids ou la qualité de la marchandise vendue, garder de l'argent indûment reçu, laisser circuler de la fausse monnaie, s'approprier un objet trouvé, tricher au jeu, frauder l'octroi, les douanes ou toute autre administration, abuser de la confiance de quelqu'un; tous ces actes doivent donc soigneusement être évités.

MAXIMES. — *Ne vous appropriez point ce qui appartient aux autres.*

Le droit de propriété est inviolable et sacré.

Attenter à la propriété d'un seul homme, c'est porter préjudice à tous.

---

23. — Il faut respecter l'honneur des autres.

Les richesses matérielles ne sont pas les seules que puisse posséder un homme; il en est une autre, et qui est plus précieuse qu'elles. Elle ne peut s'échanger contre de l'or, il est vrai, ni se manifester en luxe; elle ne s'étale pas, ne se montre pas; elle est cependant inestimable, car elle vaut à qui la possède la confiance et l'estime de tous; c'est l'honneur, qui peut être le lot du pauvre comme celui du riche: il suffit pour le posséder de se bien conduire.

Ou plutôt non, cela ne suffit pas. On ne saurait être honoré si l'on n'est pas un honnête homme, mais on ne peut l'être qu'à cette autre condition de passer pour un honnête homme. Et c'est pourquoi l'honneur des autres, l'honneur de vos camarades est entre vos mains.

Vous ne devez pas plus y porter atteinte que vous ne devez voler. Frapper quelqu'un dans son honneur, c'est encore lui nuire; c'est diminuer la considération dont il jouit, c'est lui enlever des clients ou des amis, c'est le rendre malheureux. Et l'on ne doit pas nuire à son frère. C'est nuire en même temps à tous les hommes, puisque tous sont solidaires. Respectez donc l'honneur d'autrui.

Vous pourriez y attenter soit par des outrages, soit par la médisance, soit par la calomnie.

L'outrage est une faute très grave. Cependant, il suppose quelque courage, car il est fait ouvertement et peut exposer son auteur à un châtiment immédiat; la médisance et la calomnie sont des lâchetés. Médire, c'est-à-dire faire savoir ce qu'autrui a commis de mal, prouve une âme méchante. Calomnier est trois fois vil, car c'est commettre une lâcheté, une injustice et un mensonge : c'est de fautes imaginaires, en effet, que le calomniateur accuse ses victimes. Mais l'on ne doit pas plus outrager que médire, ni médire que calomnier. D'ailleurs, où s'arrête la médisance ? et ne conduit-elle pas insensiblement à la calomnie ?

LECTURE. — « Vous n'avez révélé qu'à un seul les vices de votre frère, je le veux : mais ce confident en aura bientôt à son tour plusieurs autres, qui, de leur côté, ne regardant plus comme un secret ce qu'il viennent d'apprendre, en instruiront les premiers venus ; chacun, en le redisant, y ajoutera de nouvelles circonstances, chacun y mettra quelque trait envenimé de sa façon ;

à mesure qu'on les publiera, ils croîtront, ils grossiront ; semblables à une étincelle de feu, qui, portée en différents lieux par un vent impétueux, embrase les forêts et les campagnes. »

MASSILLON.

On ne doit répéter ni les médisances, ni les calomnies, même en les citant comme telles ; on ne doit pas même les tolérer, ce qui serait encourager les auteurs.

RÉSUMÉ. — Il faut respecter l'honneur d'autrui, et pour cela s'abstenir de toute injure et de tout outrage, de toute médisance, et de toute calomnie. L'outrage est une très grave faute ; la médisance est une lâcheté en même temps qu'une méchanceté ; la calomnie est plus vile encore puisqu'elle est, de plus, un mensonge.

On ne doit répéter ni médisance ni calomnie ; même on ne doit pas les tolérer.

MAXIMES. — *La médisance et la calomnie sont des lâchetés.*

Calomnier est trois fois vil : car c'est commettre une lâcheté, une injustice et un mensonge.

Un coup de langue est pire qu'un coup de lance.

O. PAVETTE.

---

24. — Il faut être bienveillant.

LES TROIS FRÈRES.

Trois frères s'étaient partagé l'héritage de leurs parents. Ils avaient eu chacun, outre un peu d'argent, deux bœufs et un champ de terre. Le champ du plus jeune était le plus grand, mais en revanche, ses bœufs étaient les moins forts.

Quand le temps en fut arrivé, les trois frères se mirent à labourer chacun leur champ ; le travail des deux aînés fut assez aisé ; mais celui du plus jeune fut plus difficile. Le soc n'enfonçait que péniblement, ou bien se brisait contre de grosses pierres ; les deux bœufs se fatiguaient ; le travail n'avançait pas. Il aurait fallu un attelage plus nombreux et plus vigoureux.

Le plus jeune frère alla trouver alors son aîné et le pria de lui prêter ses bœufs. « Et pourquoi te les prêter ? N'as-tu pas eu ta juste part de l'héritage de nos parents ? Je ne te dois rien, n'est-ce pas ? Arrange-toi comme tu l'entendras. »

Le jeune laboureur s'en allait, tout chagrin de ces paroles, lorsqu'il rencontra son autre frère. « Te voilà bien triste ! Qu'y a-t-il ? s'écria celui-ci gaiement. — C'est que je ne pourrai pas avec mes deux bœufs, labourer mon champ. — Qu'à cela ne tienne ! Je te prêterai les miens. Voilà qu'ils ont fini chez moi, ils s'ennuieraient à ne rien faire à l'étable ! Quel jour veux-tu que je te les mène ? »

La tristesse du jeune laboureur s'envola ; car il vit que, s'il avait un frère bien dur, il en avait un du moins qui l'aimait vraiment.

QUESTIONS ET COMMENTAIRES. — Que pensez-vous de la réponse du frère aîné ? — Sans doute, l'héritage ayant été partagé également, il ne « devait » rien à son cadet. Mais pouvait-il lui refuser aussi durement un léger service ? — Il ne suffit pas d'être juste, de ne faire de mal à personne, de respecter la vie, la liberté, les biens et l'honneur des autres. Cela prouverait seulement qu'on ne les hait pas, qu'on n'est pas méchant, et l'on doit encore être bon, aimer tous les hommes, et, afin de leur témoigner son affection, leur rendre service.

Voyez ce qu'a dit le second frère. Il n'a même pas attendu que l'autre lui demandât rien. C'est spontanément qu'il lui a offert de lui venir en aide, et en ayant l'air de nier la valeur du service rendu. Vous devez agir ainsi. Tous les hommes sont frères, et doivent se conduire entre eux en bons frères, être polis : politesse veut dire affection, impolitesse signifie mépris, dureté, malveillance, — être indulgents, pardonner les fautes légères, ne jamais garder rancune ; — être bienveillants, souhaiter le bonheur des autres,. les aider à l'obtenir ; — être complaisants, ne jamais refuser un service possible et à l'occasion l'offrir ; — enfin être affables. Ce n'est qu'à cette condition que la vie en société peut être aussi agréable, aussi bienfaisante, qu'elle doit l'être.

RÉSUMÉ. — Éviter de nuire aux autres hommes ne suffit pas ; cela prouverait seulement qu'on ne les hait pas ; qu'on n'est pas méchant, il faut de plus les aimer activement, être bon à leur égard.

Il faut être poli, être indulgent, c'est-à-dire pardonner les fautes légères ; il faut être bienveillant, c'est-à--dire souhaiter le bonheur des autres, les aider à l'obtenir ; il faut être complaisant, et rendre service chaque fois qu'on le peut ; il faut être affable enfin, c'est-à-dire aimable et doux dans ses relations avec autrui.

MAXIMES. — *Être juste ne suffit pas ; il faut encore être bon.*

Aimez-vous les uns les autres.

Il ne suffit pas d'être bon ; il faut encore paraître tel.

LA BRUYÈRE.

25. — Il faut être bienfaisant.

MORT DE FAIM.

Un « vieillard » de cinquante-trois ans, M. Albert Hauregard, ancien conseiller municipal, est mort de faim dans
son logement, rue de la Montagne Sainte-Geneviève, à
Paris.

Le malheureux était cependant inscrit au bureau de bienfaisance et avait même reçu les secours habituels, cinq
francs par-ci par-là, des bons de pain, de viande.

Mais, très fier, il payait son loyer avec les secours en argent et, avec les secours en nature, nourrissait d'abord son
chat et son chien, ne songeant à lui qu'ensuite. D'ailleurs,
il ne se plaignait jamais.

Cependant les voisins avaient fini par le remarquer. On
s'aperçut avant-hier qu'il était très bas. On courut chercher le médecin du bureau de bienfaisance ; on apporta
un peu de bouillon et de pain. Il était trop tard ; le malheureux ne pouvait plus rien manger et il était mort quand
le médecin arriva.

Les Journaux, 6 février 19...

QUESTIONS ET COMMENTAIRES. — Ne semble-t-il
pas impossible qu'à notre époque de travail, de progrès, un
homme puisse mourir de faim ? — Et pourtant le sort des
hommes ne s'est-il pas amélioré ? — Le plus pauvre ouvrier
n'a-t-il pas du pain blanc tous les jours ? — Et cependant
qu'était-il arrivé à M. Hauregard ? — Que mangeait-il ? — Comment pourvoyait-il à tous ses besoins ? — Comment était son
logement ? — Ses vêtements ? — De qui avait-il l'aspect ? — Et

pourtant quel âge avait-il ? — Quels sont donc les effets de la misère et des privations ?

Cet homme d'ailleurs n'avait été ni un vagabond ni un paresseux. Ancien étudiant en médecine, il avait été conseiller municipal ; il était instruit, il avait joui de l'estime de ceux qui l'avaient connu. Pour ne rien devoir à personne, il aimait mieux payer son loyer que s'acheter des aliments. Il était honnête. Il était fier, il ne se plaignait jamais. Il était bon enfin, et partageait sa nourriture insuffisante avec ses deux derniers amis, son chien et son chat.

La charité publique est insuffisante. Ne nous reposons pas sur elle du soin de secourir tous les malheureux. Soyons ses émules ; faisons du bien autour de nous ; soulageons tous ceux qui souffrent. Et ils sont nombreux. Les uns physiquement, vieillards, hommes et femmes infirmes, qui n'ont pas de toit pour s'abriter, pas de lit pour se coucher, rien que des haillons pour se vêtir, peu ou point de pain ; les autres, moralement : commerçants mis en faillite malgré leur probité, travailleurs qui ne parviennent pas à trouver à s'occuper, mères qui ont perdu leurs fils, enfants orphelins. Certains avouent leur misère ; d'autres cachent leur peine. Secourons-les tous. Donnons à l'un quelque aumône, à l'autre nos consolations, à tous notre pitié, notre amour. Qu'ils sentent bien que dans leur malheur, ils ne sont pas seuls ; soyons pour eux ce que nous devons être, vraiment des amis, des frères.

RÉSUMÉ. — Ceux qui souffrent doivent nous être encore plus chers que les autres hommes. Nous devons surtout nous enquérir des besoins de ceux qui cachent leur misère, qui n'avouent pas leurs chagrins. Nous devons aussi leur donner discrètement à ceux-là surtout nos consolations, notre aide ou notre aumône. Nous devons aimer tous ceux qui souffrent, qui sont dans la peine, parce qu'ils sont nos frères et des frères malheureux.

MAXIMES. — *Soulageons tous ceux qui souffrent soit physiquement, soit moralement.*

Si pauvre que vous soyez, il est de moins riches que vous : faites-leur l'aumône.

Recherchez les occasions de faire le bien.

---

26. — Il faut pardonner les injures.

Nous devons faire du bien aux autres, et nous le devons même quand ils nous ont fait du mal.

LECTURE. — Le favori d'un sultan jeta une pierre à un pauvre derviche qui lui demandait l'aumône. Le religieux outragé n'osa rien dire ; mais il ramassa la pierre et la garda, se promettant bien de la rejeter, tôt ou tard, à cet homme superbe et cruel. Quelque temps après, on vint lui dire que le favori était disgracié, et que, par ordre du sultan, on le promenait dans les rues, monté sur un chameau et exposé aux insultes de la populace. A cette nouvelle, le derviche courut prendre sa pierre ; mais après un moment de réflexion, il la jeta dans un puits : « Je sens à présent, dit-il, qu'il ne faut jamais se venger. Quand votre ennemi est puissant, c'est folie ; quand il est malheureux, c'est cruauté. »

BLANCHET (¹).

Sans doute, le favori avait agi très mal, en frappant le pauvre derviche, et — il en est de même pour tous les coupables — il méritait d'être puni. Mais on ne saurait se faire justice soi-même et la justice n'est pas la vengeance.

(¹) LEBAIGUE, *Livre de l'école.* Belin, édit.

Que serait-il arrivé si le derviche avait frappé le favori dans le temps de sa puissance? Se venger est donc parfois une folie; c'est toujours un acte inutile et une cruauté.

Alors que le juge accorde à la victime des réparations, des compensations, celui qui se venge n'obtient rien. Pierre a déchiré le cahier d'Émile. Si le maître en est informé, il l'oblige à en procurer un autre à son camarade; mais si Émile, au lieu de se plaindre, déchire le cahier de Pierre, cela fait deux cahiers perdus, et ne remplace pas le premier.

Émile a fait à son tour, il est vrai, du chagrin à son camarade; mais, s'il y a pris plaisir, c'est d'un mauvais cœur. Est-ce qu'on ne doit pas aimer les autres? leur vouloir du bien? souffrir soi-même de leurs douleurs, quand ils en éprouvent? Le mal qu'on fait pour se venger ne cesse pas d'être du mal; si l'on prend plaisir à le faire, c'est qu'on est cruel.

Enfin, la vengeance est pernicieuse. La condamnation que le juge, la punition que le maître infligent, sont destinées à combattre les mauvais penchants du coupable, à le corriger, à l'améliorer, à le décider à se mieux conduire. La vengeance ne peut que l'exciter à recommencer; en lui donnant un mauvais exemple, elle le confirme dans le vice.

Vous ne vous vengerez donc jamais. Si quelqu'un vous nuit, ne vous mettez pas en colère; mais considérez plutôt, au delà de votre souffrance, la méchanceté du coupable, ses défauts; plaignez-le, et tâchez de l'amender. Pour le ramener au bien, ce sera un puissant moyen que lui pardonner; vous lui montrerez ainsi que vous êtes meilleur que lui, qu'il faut être bon, et que la bonté doit aller jusqu'à la clémence.

RÉSUMÉ. — La vengeance est une sottise et une cruauté ; elle ne répare nullement le mal qui a été fait ; elle y ajoute d'autre mal.

Ne nous vengeons donc jamais. Si quelqu'un nous nuit, ne nous mettons pas en colère ; mais considérons plutôt, oubliant notre souffrance, la méchanceté du coupable, pour le plaindre et tâcher de l'amender. Pour le ramener au bien, ce sera un puissant moyen que lui pardonner. Nous lui montrerons ainsi qu'il faut être bon. La bonté doit aller jusqu'à la clémence.

MAXIMES. — *Il ne faut jamais se venger.*

La vengeance n'est pas de la justice.

La vengeance est quelquefois folie, c'est souvent un acte inutile ; presque toujours c'est une preuve de cruauté.

Soyez bons et cléments.

---

27. — Il faut se dévouer pour ses semblables.

Il faut aimer les autres hommes ; il ne faut pas leur faire de mal ; il faut leur faire du bien, même lorsqu'il y a quelque danger à cela ; il faut se dévouer pour eux.

Vous glissez sur l'étang gelé ; la glace se brise ; un de vos camarades est englouti. Que devez-vous faire ? Vous jouez au bord du ruisseau ; un de vos camarades y tombe ; il court le risque de se noyer. Que devez-vous faire ? Vous enfuir, rentrer chez vous, et ne rien dire à personne ? Non, n'est-ce pas ? mais conserver votre sang-froid, essayer de le sauver, prudemment sans doute, mais courageusement et par tous les moyens possibles. Vous jeter dans l'eau après lui sans espoir de l'en tirer serait une folie ; le laisser mourir si vous pouvez l'en empêcher, ce serait une lâcheté.

Mais c'est surtout quand on est devenu un homme vigoureux, une femme résolue, que l'on trouve des occasions de se dévouer pour ses semblables. Un cheval s'est emporté ; le conducteur est déjà tombé sous les roues, des passants vont être écrasés ; vous le saisissez par la bride et vous l'arrêtez. Une maison brûle ; un vieillard, un enfant sont restés dans quelque chambre, où le feu va les gagner : vous vous jetez dans les flammes et allez les y chercher. Un navire est à la côte ; il a touché, il fait eau, il va sombrer ; l'équipage et les passagers vont être engloutis : vous et les autres marins mettez à la mer le canot de sauvetage et, malgré la tempête, essayez de les sauver. Une pauvre femme, sans parents, sans amis, est frappée d'un mal contagieux ; on pourrait, certes, la guérir, mais il faudrait la soigner et risquer, ce faisant, de gagner sa maladie : vous vous faites sa garde-malade. Vous êtes médecin ; vous disputez ses victimes à l'épidémie, ou vous allez, dans les plus lointains pays, étudier le mal, peste ou choléra, et vous efforcez d'en découvrir le remède.

LECTURE. — Un grand médecin, attaché à un hôpital, cherchait un moyen de guérir une horrible maladie, jusqu'à présent incurable, le cancer. Pour cela, il en étudiait la marche sur les malades de son service, à qui il l'inoculait lorsqu'il les voyait condamnés par un autre mal, à une mort inévitable. C'est ainsi qu'il l'avait inoculé à une toute jeune fille, phtisique au dernier degré, Antoinette.

Par le plus grand des hasards, Antoinette s'est rétablie ; elle va revenir à la santé, ou plutôt elle y reviendrait si, maintenant, elle n'avait pas un cancer, lequel, sûrement cette fois, va la tuer. Le médecin est au désespoir ; mais Antoinette qui connaît le but poursuivi par lui, cherche elle-même à le consoler et lui dit, avec une simplicité sublime : « Si vous m'aviez demandé à me piquer, j'aurais consenti. Je voulais être sœur des pauvres. Je donne ma vie en gros au lieu de la donner en détail ; voilà tout (¹). »

RÉSUMÉ. — Il faut aimer les autres hommes ; il ne faut pas leur faire de mal ; il faut leur faire du bien. Il faut leur en faire même lorsqu'il y a quelque danger à cela, il faut se dévouer pour eux.

Quand on est enfant, on peut déjà rencontrer des occasions de dévouement ; mais cela arrive surtout quand on est devenu un homme vigoureux, une femme résolue. Il ne faut pas s'y dérober.

MAXIMES. — *Il faut se dévouer pour ses semblables.*

Où serait le mérite s'il n'y avait ni danger ni difficulté?

Le juste, se reconnaissant en autrui, va jusqu'à la négation de soi-même dans l'intérêt du prochain.

SCHOPENHAUER.

(¹) D'après *la Nouvelle Idole*, une fort belle pièce de M. François de Curel.

LA NATURE

28. — Il faut aimer tous les êtres

Le poète anime la fleur
Des rêves dont son âme est pleine ;
Le parfum lui semble une haleine,
La goutte de rosée un pleur.

Qu'en croirai-je ? Oh ! la fleur vit-elle ?
Passe-t-il un frisson nerveux
Dans la feuille, verte dentelle
Aux fils plus fins que des cheveux ?

La corolle, que la lumière
Fait s'entr'ouvrir, et qui la suit,
Est-ce une ébauche de paupière
En vague lutte avec la nuit?

Dis-moi si, pour la rose, éclore
C'est naître, et s'effeuiller, mourir ?

SULLY-PRUDHOMME (¹).

(¹) *La Justice*. Lemerre, édit.

QUESTIONS ET COMMENTAIRES. — Pour le poète qui se plaît à rêver, à imaginer, la fleur respire, elle sent : son parfum n'est que son haleine, et la rosée qu'on voit briller le matin dans sa corolle, ce sont ses pleurs. Cela n'est pas vrai, sans doute ; mais ce qui l'est, c'est que la fleur, c'est que la plante vit. Elle naît, comme nous ; elle grandit, comme nous ; elle meurt, comme nous ; elle aime la lumière et le soleil, aussi bien que nous, et la sève qui se forme dans ses racines, qui monte dans sa tige, qui se répand dans ses branches, qui gonfle ses bourgeons en avril et les fait s'épanouir est analogue à notre sang. Pour la rose, véritablement, éclore c'est naître et s'effeuiller, c'est mourir.

Les animaux ne vivent-ils pas de même ? — Et qu'ont-ils de plus ? — Ils sentent. Leur corps, au moins celui des animaux supérieurs, ressemble au nôtre par beaucoup de points, et s'ils n'ont pas une sensibilité, une intelligence comme la nôtre, du moins sont-ils loin d'être des machines. Ils sentent les coups qu'on peut leur donner, ils sont sensibles aux caresses ; ils sont capables d'affection ; le chien aime son maître, le chat son logis ; l'éléphant se venge lorsqu'un mauvais plaisant lui donne une pierre, par exemple, au lieu d'un morceau de pain ; les petits oiseaux manifestent leur douleur quand on leur prend leurs petits. Beaucoup sont intelligents : le cheval reconnaît la voix de son maître ; la perdrix trompe le chasseur et sauve sa nichée, le lézard ne sort de sa retraite qu'avec prudence et s'enfuit au moindre bruit, les souris amassent des provisions, les fourmis élèvent des magasins, des palais qui font l'admiration de nos architectes ; il n'est pas jusqu'aux poissons qui ne déjouent les ruses du pêcheur. La vie des bêtes les plus misérables devient intéressante au plus haut degré lorsqu'on l'examine avec attention.

Les animaux et les végétaux nous ressemblent donc ; ils sont nos parents, et un peu nos frères. Nous ne devons pas les mépriser, mais au contraire nous intéresser à eux, les observer, les admirer parfois, les aimer. Nous n'avons le droit de détruire que les animaux nuisibles. Nous ne devons jamais faire souffrir les autres et, quant aux animaux domestiques, nous dévons les traiter toujours avec douceur, avec bonté, et leur être reconnaissants des services qu'ils nous rendent.

RÉSUMÉ. — Les hommes ne sont pas seuls à vivre ; les plantes, les animaux vivent aussi. La plante naît, grandit, meurt comme nous ; sa sève est pareille à notre sang. La bête sent ; elle a une certaine intelligence, qui souvent est remarquable. Animaux et végétaux nous ressemblent donc un peu. Nous devons les observer, les admirer, les aimer. On n'a le droit de détruire que les animaux nuisibles. On ne doit jamais faire souffrir les autres et, pour les animaux domestiques, on doit les traiter avec bonté, leur être reconnaissant des services qu'on reçoit d'eux.

MAXIMES. — *La vie des bêtes les plus misérables devient intéressante au plus haut degré lorsqu'on l'examine avec attention.*

Nous n'avons le droit de détruire que les animaux nuisibles.

Cruel avec les animaux, méchant avec les hommes.

Ce n'est pas assez de ne pas faire de mal aux êtres ; il faut les gâter, il faut les consoler des rudesses obligées de la nature.

Renan.

---

29. — Admirons la nature.

Pendant longtemps, les hommes ont cru que la terre était plate, que le fleuve Océan l'entourait et la limitait, et que le soleil, aussi bien que les étoiles, se levant à l'est, se couchant à l'ouest, décrivaient leur courbe sur une voûte pas très éloignée de nous. Nous savons maintenant que la terre est ronde, qu'elle tourne autour du soleil et qu'elle est lancée dans l'espace avec une vitesse énorme.

Elle-même est très grosse, elle a dix mille lieues de tour. Le soleil est un million deux cent mille fois plus gros qu'elle ; elle est à côté de lui comme une balle de caoutchouc auprès d'une maison de dix mètres de hauteur. Et le soleil lui-même, les astronomes nous l'affirment, est des plus petits parmi les étoiles ; nous le voyons plus gros qu'elles seulement parce qu'il est plus près de nous. Elles sont donc énormes ; nous ne pouvons, pauvres moucherons, perdus dans un coin de notre planète, nous en faire une idée qui en approche seulement. Elles sont à des distances incalculables de nous, à des millions, à des centaines de millions, à des milliards de lieues. Elles sont innombrables. Qui de vous a jamais essayé de les compter ? Le monde est donc grand. Il est plus grand encore que vous ne pensez, car au delà de ces étoiles que malgré leur immensité nous n'arrivons à apercevoir qu'à peine tellement elles sont loin de nous, il y en a d'autres que nos yeux ne peuvent pas voir, que nous ne pourrions pas voir même avec un télescope, que nous ne verrons pas, que nul homme ne verra jamais. Et derrière celles-là, il en est d'autres encore, et puis d'autres, et d'autres encore, et ainsi toujours. L'univers est infini. Si vaste qu'on l'imagine, on n'arrive jamais à en concevoir qu'une portion infime ; si loin qu'on essaye, en esprit, d'aller, quand on croit arriver au terme, le chemin à parcourir est resté le même. L'univers est infini.

Il est éternel. On estime qu'il y a des hommes sur la terre depuis cent mille ans ; et l'homme est le dernier venu parmi les espèces innombrables qui vivent sur les conti-

nents et au sein des mers. La terre a été un globe de feu,
comme l'est encore le soleil, avant de devenir un monde
habitable. Elle s'est refroidie peu à peu ; pour cela il lui a
fallu des millions de siècles, et puisque parmi les planètes,
parmi les étoiles, les plus petites se refroidissent les premières, on se demande quel effrayant espace de temps
il va falloir au soleil et aux autres astres bien plus gros
encore que lui pour se transformer comme a fait la terre.
Ils existent depuis un temps dont nous n'avons pas idée ;
ils existeront encore dans un temps dont nous n'avons pas
idée. Ils ont toujours été, ils seront toujours ; le monde
n'a pas eu de commencement, il n'aura jamais de fin.

QUESTIONS ET COMMENTAIRES. — La terre est-elle
ronde ? — Combien a-t-elle de tour ? — Combien de superficie ? — Combien sa superficie est-elle de fois plus grande que
la France, que notre département, que notre commune ? —
Elle n'est qu'un grain de poussière dans l'univers. — Combien
de fois est-elle plus petite que le soleil ? — Et qu'est le soleil
parmi les étoiles ? — Les étoiles que nous voyons sont énormes, innombrables, situées à des distances incalculables de
nous, et si nous étions transportés dans la plus éloignée d'entre elles, nous en découvririons au delà autant que nous en
voyons d'ici et ainsi sans fin. — Quelle est donc l'étendue du
monde ? — Et depuis quand existe-t-il ? — Jusqu'à quand
existera-t-il ? — Il est infini, il est éternel.

RÉSUMÉ. — La terre n'est dans l'univers qu'un point extrêmement
petit, et nous-mêmes nous ne sommes rien sur la terre. L'univers
est infini et éternel. Nous devons admirer sa grandeur et sa puissance,
et tâcher d'en comprendre toujours davantage les merveilles et la
majesté.

MAXIMES. — *L'univers est infini.*
Il est éternel.

*Nous devons, en faisant notre tâche sur la terre contri-
buer à l'ordre admirable qui règne dans l'univers.*

---

30. — La vie.

Avez-vous observé une fleur de pêcher ? En avez-vous
regardé de près les pétales où le rose succède au blanc par
des nuances infinies ; les sépales verts à la base, bruns ensuite, et puis verts encore ; les multiples étamines avec la
pochette minuscule d'où s'échappera bientôt le pollen, et
tout au milieu, la colonne déliée et hardie du pistil ? En avez-
vous respiré l'odeur subtile ? Et vous êtes-vous demandé
qui avait tissé les pétales et les sépales, qui les avait teints
de couleurs si tendres, qui avait étiré les étamines, modelé
l'ovaire, qui avait distillé ce parfum exquis !

Cet habile ouvrier, cet artiste inimitable, que nul
homme jamais ne saura même approcher, c'est la Vie. C'est
elle qui pénètre l'arbre, qui incite les radicelles à extraire
du sol les matériaux nutritifs, qui fait s'élever la sève à
travers les vaisseaux qu'elle a préparés, qui la fait passer
dans les branches, puis s'étaler dans les feuilles aux fines
nervures, à l'épiderme percé de mille trous, aux cellules
microscopiques. C'est elle encore qui la fait descendre,
lorsqu'elle s'est transformée sous les rayons du soleil, et
se déposer dans l'intérieur même de l'arbre, sur le bois et
sous l'écorce en une couche nouvelle de l'un et de l'autre.
C'est elle qui fait grandir l'arbre, qui a fait sortir la

pêche du noyau ; de l'amande de celui-ci et du germe qu'elle contient, deux petites feuilles, une tigelle, une petite racine ; qui a fait grossir, s'allonger celles-ci un peu chaque année, et qui, chaque printemps, éveille au creux de l'écorce les bourgeons d'où sortent les feuilles et les fleurs.

C'est elle qui anime tous les végétaux, du cèdre géant à la mousse ténue ; c'est elle qui anime la bête, en lui accordant de plus qu'à la plante la possibilité de sentir et de se mouvoir ; c'est elle qui anime les hommes, c'est par elle que leurs poumons respirent, que leur sang circule, que leur estomac digère, que leurs muscles se contractent, que leur sensibilité s'émeut, que leur intelligence comprend, que leur raison conçoit le bien et le beau, que leur volonté se décide enfin.

Elle est en nous et partout autour de nous. Mais elle est insaisissable. Nous voyons son œuvre et nous l'admirons ; mais nous ne pouvons pas la comprendre. Nous la regardons commencer, croître, s'achever, sans parvenir à en découvrir ni l'origine, ni la nature mystérieuse.

QUESTIONS ET COMMENTAIRES. — Comment la vie se manifeste-t-elle dans les plantes ? — dans les animaux ? — dans l'homme ? — N'est-elle pas admirable déjà dans la plante ? Et dans l'animal ? — Qu'est-elle donc alors dans l'homme, chez qui elle produit les merveilleux phénomènes de la sensibilité, de l'intelligence, de la volonté ? — Et savons-nous ce qu'elle est ? — Nous la détruisons quand nous voulons la saisir au sein des organes ; les plus grands savants n'ont pas encore réussi à en pénétrer le mystère. Nous ne pouvons que l'admirer.

RÉSUMÉ. — La vie anime tous les êtres de l'univers. Les végétaux naissent et grandissent par elle ; les hommes aussi, mais elle leur donne en plus que les forces du corps, les forces de l'esprit. C'est elle qui produit l'intelligence, la sensibilité, la volonté. Nous n'en connaissons ni l'origine ni la nature. Mais nous la devons admirer et respecter en nous et dans les autres.

MAXIMES. — *La vie est une force merveilleuse et mystérieuse.*

Les moindres manifestations en sont admirables.

Nous devons la respecter parce qu'elle est le principe qui anime l'univers entier.

L'HOMME

31. — Pouvoir de l'homme.

L'homme est bien peu considérable dans l'univers infini ; il est bien ignorant et bien faible, puisqu'il n'a pas pu comprendre la vie qui l'anime lui-même, ni imiter les œuvres merveilleuses qu'incessamment elle édifie autour de lui. Il est fort pourtant et nous pouvons admirer l'œuvre qu'il a accomplie pour s'élever au-dessus de son état primitif.

Les premiers hommes erraient par groupes peu nombreux. Ils avaient pour abri les cavernes qu'ils disputaient aux animaux féroces, pour vêtements les peaux des bêtes qu'ils abattaient, pour nourriture celle qu'ils devaient aux hasards de la chasse et de la pêche, ou celle que leur procuraient les troupeaux de rennes qu'ils paraissent avoir réussi à apprivoiser. Ils se réunissaient par bandes pour attaquer l'énorme mammouth, cerner les troupeaux de buffles et de chevaux sauvages, se défendre contre les grands lions. Souvent aussi, ces bandes se faisaient entre elles une guerre acharnée pour s'enlever leurs rennes ou se disputer leur gibier. Comme on constate des entailles faites de main d'homme sur des crânes humains de ce temps, on peut croire que ces sauvages, à l'occasion, se mangeaient les uns les autres. Ils étaient anthropophages (¹).

Ces mœurs subsistent encore aujourd'hui chez certaines peuplades sauvages ; on voit encore très souvent des vieillards, des enfants mourir de misère, des populations décimées par la famine ; on peut dire néanmoins que l'humanité a fait des progrès immenses.

Les hommes d'aujourd'hui constituent de vastes nations : ils sont agglomérés en villages, en bourgades, en villes. Ils savent se construire des maisons en général confortables, tout au moins commodes, et quelques-unes luxueuses, tisser des étoffes, se confectionner des vêtements appropriés à leurs besoins, parfois élégants, s'assurer enfin les aliments nécessaires. Ils ont défriché le sol, et détruit les plantes nuisibles, ils cultivent les végétaux qui leur sont utiles ; ils ont domestiqué, ou tué les animaux ; ils ont découvert et domestiqué aussi la vapeur, l'électricité ; ils ont, disons-le, en partie conquis la terre ; et comme ils se sont instruits en même temps, comme ils sont devenus habiles et de plus en plus intelligents, les parties du globe, les forces physiques qui sont encore inconnues, seront de plus en plus vite explorées ou pénétrées. N'a-t-on pas récemment traversé l'Afrique et appris à voir au travers des corps opaques ? Ils sont enfin devenus meilleurs. Les guerres sans doute n'ont pas disparu ; mais elles sont bien moins fréquentes, on y observe certaines règles comme de respecter les ambulances et les hôpitaux,

______

(¹) D'après M. RAMBAUD, *Histoire de la civilisation française.* A. Colin, édit.

de soigner les blessés au lieu de les achever, et la conférence de la Haye a fait entrevoir la possibilité d'assurer la paix continue. Les méchantes gens sont encore nombreux ; de même que la durée de la vie humaine s'est en moyenne allongée, de même cependant la moralité générale a crû.

A quoi devons-nous ces résultats? Aux efforts associés des uns et des autres. C'est parce que chacun a travaillé à l'œuvre totale que nous avons lieu d'en être fiers. Travaillons-y donc encore, travaillons-y le plus possible. Soyons forts et bons, soyons-le le plus possible, et pour cela, développons nos facultés physiques et morales, exerçons notre corps, notre intelligence, notre volonté en vue de l'accomplissement du bien.

RÉSUMÉ. — Un homme est bien peu de chose dans l'univers infini ; cependant l'humanité a fait des progrès considérables : il y a une distance énorme entre l'état barbare primitif et la civilisation moderne.

Ces progrès sont dus aux efforts associés des uns et des autres. C'est parce que chacun a travaillé à l'œuvre totale qu'elle est ainsi gigantesque. Travaillons-y donc encore, et le plus possible. Soyons forts et bons, et le plus possible, et pour cela, exerçons notre corps, notre intelligence, notre volonté, en vue de l'accomplissement du bien.

MAXIMES. — *La tâche de l'humanité, c'est de conquérir la terre.*

Les plus obscurs soldats contribuent à la victoire ; le moindre maçon a sa part dans la construction de l'édifice.

32. — Devoir de conservation.

CINQ EMPOISONNEMENTS.

Un carrossier de Vienne (Autriche), ayant fait de mauvaises affaires, commit des faux en écritures pour se procurer quelque argent. Peu après le remords le prit ; il résolut de se suicider.

Mais avant de se donner la mort, il fit part de son dessein à ses quatre filles : elles déclarèrent vouloir mourir avec lui. Le père emplit alors cinq verres de genièvre et mit dans chacun d'eux un peu d'une poudre vénéneuse. Les verres furent immédiatement vidés et les effets du poison ne tardèrent pas à se faire sentir.

Le père expira au bout de quelques minutes. Le seconde des filles se jeta sur son lit et succomba bientôt. Les trois autres, après deux heures de souffrances horribles, prises de peur, voulurent aller chercher du secours. Elles sortirent et tombèrent dans l'escalier en poussant des cris affreux. Des voisins les entendirent, accoururent, appelèrent en hâte un médecin. Mais celui-ci désespère de sauver les survivantes de cet épouvantable drame.

Les Journaux, 28 mars 19..

QUESTIONS ET COMMENTAIRES. — Que pensez-vous de ce drame ? — Comment jugez-vous cet homme qui croit trouver dans le suicide un refuge contre le déshonneur ? — De ce père qui entraîne avec lui ses filles et, décidé à commettre une action horrible, aggrave encore sa faute en invitant à l'imiter des jeunes filles trop peu raisonnables et qui l'aiment trop exclusivement ?

« Le suicide est une mort honteuse. » La vie est un combat

de tous les instants. Les hommes ont à lutter contre des ennemis sans nombre, contre les plantes nuisibles, et les animaux féroces, contre l'humidité, la chaleur, le froid excessifs, contre les germes infectieux qui provoquent les maladies, contre la terre même à qui ils doivent arracher à la sueur de leur front la houille dont ils se chauffent, la pierre dont ils construisent leur maison, le blé dont ils pétriront leur principal aliment. Ce n'est pas trop des efforts de tous pour assurer la victoire. Nul n'a le droit de se dérober, de fuir le champ de bataille ; et si l'on a commis quelque faute, que l'on n'ajoute pas la lâcheté à la faiblesse, mais qu'on s'efforce au contraire de réparer le mal qu'on a fait.

On n'a pas le droit de se suicider parce qu'on se croit déshonoré. On n'a pas davantage ce droit parce qu'on souffre : la maladie met fin elle-même aux jours du patient quand le temps en est venu, et les blessures morales les plus cruelles se cicatrisent peu à peu. On n'a pas le droit de se suicider.

On n'a pas non plus celui de se mutiler, de s'imposer à soi-même quelque souffrance. Le premier devoir, celui-là même dont l'observation est indispensable à l'accomplissement de tous les autres, c'est de vivre ; la prudence est la condition de toutes les autres vertus.

RÉSUMÉ. — Le premier devoir, celui-là même dont l'observation est indispensable à l'accomplissement des autres, est la conservation de la vie. On ne doit pas se suicider ni parce qu'on se croit déshonoré, ni parce qu'on souffre. La vie est une lutte de tous les instants que soutiennent les hommes contre des ennemis sans nombre : pour assurer la victoire, il n'y a pas trop des efforts de tous ; personne n'a le droit de se dérober.

On doit éviter aussi de se mutiler, de s'imposer à soi-même aucune souffrance inutile.

MAXIMES. — *Se suicider quand on s'est déshonoré, c'est ajouter la lâcheté à une première faute.*

On n'a pas le droit de se suicider.

La prudence est la condition de toutes les autres vertus.

33. — Il faut être propre.

Faut-il être propre ? Et pourquoi ? D'abord, par respect
pour les autres : on n'aime pas serrer une main sale, approcher sa tête d'une chevelure mal peignée, ni causer long-
temps avec une personne dont le corps et les vêtements déga-
gent une odeur fétide. Ensuite, par respect pour soi, pour
ne pas avoir à rougir devant le dégoût d'autrui, pour appa-
raître au premier abord au contraire comme un garçon ou
une petite fille bien élevés. Enfin, pour conserver sa santé ;
la malpropreté à elle seule engendre bien des maladies. Si
l'air qu'on respire est vicié par des odeurs corrompues, si
les vêtements sont sales, si la peau elle-même est embar-
rassée des poussières et de la sueur qui s'y accumulent, le
bon fonctionnement de l'organisme est empêché, combattu,
des maladies parfois graves s'ensuivent, alors que notre
devoir est de conserver notre vie et notre santé.

Que faut-il donc faire pour être propre ? Nettoyer son
corps d'abord ; se laver le visage chaque matin et les mains
plusieurs fois par jour, prendre un bain de pieds chaque
semaine et tous les mois au moins un bain complet, frais
l'été, tiède l'hiver ; se nettoyer aussi les dents, les ongles et
les oreilles. Avoir ensuite du linge et des vêtements bien
propres. Le linge de corps se salit vite ; il faut en changer
souvent, et si cela regarde vos mamans de raccommoder
vos pantalons et vos robes, vous pouvez les brosser vous-
mêmes, vous devez éviter d'y faire ou des taches ou des déchirures. Tenir enfin la maison et ses alentours, le mobilier
aussi parfaitement propres. Voyez votre mère balayer,

laver le parquet ou le carrelage, épousseter, essuyer les meubles, ouvrir tout grand les fenêtres pour bien aérer les chambres, porter les balayures et les détritus assez loin de l'habitation. Vous devez l'aider en cela et vous préparer à l'imiter.

En classe, ne jetez jamais de papier par terre ; ne crachez pas sur le sol ; observez en un mot toutes les règles de l'hygiène.

LECTURE. — Au moyen âge, on ignorait ou l'on négligeait les principes les plus élémentaires de l'hygiène ; le paysan vivait sur le fumier, pêle-mêle avec le bétail, comme le misérable paysan irlandais d'aujourd'hui ; le citadin vivait au milieu de la puanteur des rues étroites. Le clergé, en prêchant le mépris du corps, encourageait indirectement à en négliger les soins les plus essentiels. Jusque vers le milieu du xiv° siècle, les tissus de chanvre et de lin étaient peu en usage, même dans les classes supérieures ; or, les tissus de laine, en contact direct avec la peau, l'irritaient. Le paysan se nourrissait mal, et, en fait de viande, ne connaissait guère que les salaisons.

Un tel régime devait favoriser les maladies de la peau. Aux x° et xi° siècles, sévit le mal des ardents, scorbut ou gangrène d'un caractère épidémique qui détachait, articulation par articulation, les membres du corps. Les ulcères, les dartres, la teigne, la gale étaient fréquents. La pauvreté du sang multipliait les scrofules ou écrouelles. La lèpre, qui commença avec les premières croisades, mais qui ensuite se développa énormément, dura pendant tout le moyen âge. En 1250, l'armée de Saint-Louis, en Egypte, est décimée par la dysenterie et le scorbut.

A. Rambaud (¹).

⁽¹⁾ *Histoire de la Civilisation française.* A. Colin, édit.

RÉSUMÉ. — Il faut toujours être très propre, par respect pour autrui d'abord, ensuite par respect pour soi, enfin pour éviter les maladies qu'engendre la malpropreté.

Il faut se nettoyer le visage, les mains, les pieds, tout le corps, et la chevelure. Il faut avoir soin de ses vêtements et les nettoyer. Il faut nettoyer enfin la maison, ses alentours et le mobilier. En classe on ne doit jamais jeter de papier par terre, ni non plus cracher sur le sol.

MAXIMES. — *La propreté pare et relève tout.*

Stahl.

Voulez-vous qu'au premier coup d'œil on pense du bien de vous ? Soyez propres et décents.

Si pauvre que l'on soit, on peut toujours être propre.

Brunot.

La propreté, c'est la vertu du corps.

Stahl.

---

34. — Il faut être sobre et tempérant.

Pour vivre, il faut réparer les forces que l'on use à chaque instant, il faut boire et manger ; mais il ne faut faire ni l'un ni l'autre avec excès.

Le gourmand s'expose à avoir une indigestion et à payer ainsi bien cher sa gloutonnerie ; en tout cas, il aura une digestion longue et pénible, pendant laquelle il restera somnolent, incapable de penser ou d'agir et cessera d'être un homme intelligent et actif ; si ces digestions trop pénibles reviennent trop souvent, son estomac se fatiguera, cessera de bien fonctionner et des maladies longues et douloureuses surviendront : goutte, gravelle, etc.

Dans notre intérêt personnel même, nous devons donc nous abstenir de trop manger. Nous le devons aussi parce que la gourmandise est honteuse, et que chacun se moque des gourmands. Que les sauvages qui n'ont pas leur nourriture toujours assurée, mangent gloutonnement les fruits ou la proie qu'ils sont parvenus à se procurer, cela se comprend ; mais il ne saurait en être ainsi pour des enfants qui font régulièrement leurs quatre repas par jour ; ils doivent être sobres.

L'ivrognerie a les mêmes inconvénients que la gourmandise ; elle en a, en outre, d'autres bien plus graves. Le gourmand, du moins, ne perd pas la raison, tandis que l'excès du vin et des alcools rend l'homme imbécile, méchant, répugnant, pareil aux animaux les plus cruels ou les plus vils, et fait de lui la terreur, la risée, le dégoût de ceux qui le voient. Je ne saurais trop vous enjoindre d'éviter le moindre excès de boisson.

LECTURE. — Charles XII avait un jour, dans l'ivresse, perdu le respect qu'il devait à la reine, son aïeule ; elle se retira, pénétrée de douleur, dans son appartement. Le lendemain, comme elle ne paraissait pas, le roi en demanda la cause, car il avait tout oublié. On la lui dit. Il alla trouver la princesse : « Madame, lui dit-il, je viens d'apprendre qu'hier je me suis oublié à votre égard, je viens vous en demander pardon ; et afin de ne plus tomber dans cette faute, je vous déclare que j'ai bu hier du vin pour la dernière fois de ma vie. » Il tint parole. Depuis ce jour-là, il ne but plus que de l'eau et fut d'une sobriété qui ne contribua pas moins que l'exercice à rendre son tempérament fort et robuste.

VOLTAIRE.

RÉSUMÉ. — Il faut boire et manger, mais il ne faut faire ni l'un ni l'autre avec excès.

La gloutonnerie et la gourmandise exposent à des malaises et à de graves maladies, et elles sont honteuses. L'ivrognerie a les mêmes inconvénients, avec d'autres bien plus graves. L'excès du vin ou des alcools rend l'homme imbécile, méchant, pareil aux pires animaux ; elle fait de lui la terreur, la risée ou le dégoût de ceux qui le voient. On doit être tempérant.

MAXIMES. — *Tu dois être sobre et tempérant.*

Évite l'excès en toutes choses, aussi bien dans le boire que dans le manger.

---

35. — Il ne faut jamais boire d'alcool.

On ne doit pas s'enivrer ; on ne doit pas davantage prendre l'habitude de boire, soit le matin à jeûn, soit avant, soit après le repas, un petit verre d'alcool. « Cela réchauffe, dit-on ; cela ouvre l'appétit ; cela facilite la digestion. » Non ; cela brûle, cela use, cela tue.

L'homme qui boit tous les jours, ne fût-ce qu'une très faible quantité d'alcool, devient *alcoolique.* Sa figure change d'expression, vieillit ; il perd ses forces ; il tombe malade. Ou bien le mal atteint ses poumons, et il meurt phtisique ; ou bien son estomac, et il voit cet organe détruit par un cancer ; ou bien son foie, et il meurt hydropique ; ou bien son cœur, qui s'entoure de graisse et refuse de fonctionner ; ou bien son cerveau, et il devient fou. L'alcoolisme, presque toujours, provoque la folie ou la mort ; tout au moins il enlève la santé, la moralité, l'énergie ; il condamne à une vieillesse anticipée ; il conduit au crime. Et de plus, les enfants du buveur d'alcool naissent rachitiques, épileptiques ou idiots.

Nous devons d'autant plus nous garder de l'alcoolisme et le combattre autour de nous que c'est en France qu'il fait le plus de ravages, que c'est en France que l'on boit le plus d'alcool.

LECTURE. — Sachez que dans le tableau comparatif de la consommation annuelle de l'alcool, c'est la France qui vient en tête des nations avec 28 litres 40 d'alcool à 50° par habitant (¹). Nous distançons la Belgique et l'Allemagne, qui en sont à 21 litres, les Iles Britanniques, qui en sont à 18 litres 50, la Suisse, l'Italie, la Hollande, les États-Unis, la Suède, la Norvège, le Canada. De plus, chez nous, la consommation augmente, alors qu'elle est stationnaire ou qu'elle décroît ailleurs.

« Quelques générations encore, dit le docteur Jacquet, et le peuple français, dégénéré, déchu, vicié jusqu'aux moelles, sera en pleine décadence et disparaîtra, étouffé par la croissance vigoureuse de nations restées saines et fortes. Assisterons-nous, impassibles, à cette déchéance ? »

RÉSUMÉ. — Il ne faut pas boire d'alcool.

L'homme qui prend l'habitude de boire de l'alcool, devient vite alcoolique. Il vieillit, il perd ses forces et il tombe malade. Le mal atteint les poumons, ou bien l'estomac, ou le foie, ou le cœur, ou le cerveau. Il provoque presque toujours ou la folie, ou la mort ; il enlève la santé, l'énergie, la moralité ; et de plus les enfants du buveur d'alcool naissent idiots, rachitiques ou épileptiques.

MAXIMES. — *L'alcoolisme fait plus de victimes que la peste et le choléra.*

(¹) Ce chiffre n'est-il pas effrayant, surtout si l'on songe que la plupart des femmes et des enfants, heureusement, ne boivent pas d'alcool !

Huit fois sur dix, le crime est fils de l'alcool.

Tu ne boiras jamais d'alcool.

---

36. — Il faut cultiver son intelligence.

Fortifier son corps ne suffit pas ; il faut fortifier aussi son intelligence.

LECTURE. — On s'accorde à reconnaître que la condition matérielle des hommes s'est améliorée en ce siècle d'une manière vraiment prodigieuse. Le plus humble paysan, le plus pauvre ouvrier d'usine, a des jouissances que ne connaissaient pas les grands seigneurs de jadis ; sa vie est plus facile, peut-être plus agréable que la leur n'était. Il a des aliments plus sains, des vêtements plus commodes : les seigneurs d'autrefois ne portaient pas de chemise ; leurs habits grossiers de chanvre ou de laine touchaient à leur peau, l'irritaient ; il a des maisons plus confortables, un mobilier mieux approprié à ses différents besoins ; il peut voyager très vite ; il faut moins de temps pour aller maintenant de Paris à Nice, que jadis de Paris à Orléans ; il peut envoyer une lettre ou un télégramme, se servir du téléphone, échanger ses idées et ses sentiments, en un jour, en une heure, en quelques minutes, avec des parents ou des amis éloignés. Ses forces, en quelque sorte, sont décuplées, centuplées ; et pourquoi, si ce n'est parce qu'il à a sa disposition des appareils, des machines, et les fées qui les font mouvoir : la vapeur, l'électricité. Et grâce à qui, sinon aux patients chercheurs qui ont inventé ceux-là, et sinon d'abord aux savants qui ont découvert celles-ci ?

S'il n'avait son intelligence, l'homme ne serait rien qu'un faible animal ; grâce à elle, il règne sur la terre.

Cette faculté précieuse, il faut donc la fortifier ; le meilleur moyen de le faire, c'est de s'en servir, c'est de l'exercer. Travaillez en classe, apprenez à observer, à juger, efforcez-vous de retenir ce que vous aurez appris, tenez votre attention toujours en éveil. Quand vous aurez quitté l'école, fréquentez les cours du soir, les bibliothèques ; lisez, questionnez les gens instruits et réfléchissez ; et, toujours, que vous soyez ouvrier, commerçant, fonctionnaire ou agriculteur, demandez-vous le pourquoi de ce que vous faites et s'il n'y aurait pas moyen de faire encore mieux ; appliquez-vous à vous instruire le plus possible, appliquez-vous à devenir de plus en plus intelligent.

RÉSUMÉ. — Il faut fortifier son intelligence ; c'est grâce à elle seule que l'humanité a accompli des progrès. Pour cela, il faut l'exercer, travailler en classe, apprendre à observer, à réfléchir, à juger. Quand on a quitté l'école, on doit fréquenter les cours du soir, questionner les gens éclairés, lire de bons livres ; en un mot chercher à s'instruire par tous les moyens possibles, s'efforcer de devenir de plus en plus intelligent.

MAXIMES. — *L'homme n'est qu'un roseau, le plus faible de la nature ; mais c'est un roseau pensant.*

Pascal.

Un homme n'est digne de ce nom que s'il est intelligent.

---

37. — Il faut fortifier sa volonté.

Fortifier son intelligence ne suffit pas encore, il faut aussi fortifier sa volonté.

Quand on est instruit et intelligent, on sait ce que l'on doit faire ; mais cela ne suffit pas : les actes qu'on reconnaît bons, il faut encore les accomplir. Est-ce assez que Jules sache qu'il doit apprendre sa leçon, et peut-il après cela passer à jouer le temps qu'il aurait dû employer à étudier? Est-ce assez que Jacques sache qu'il ne doit pas boire d'alcool et ne doit-il pas aussi s'abstenir d'en boire ? Savoir ne suffit pas, il faut vouloir, il faut même vouloir fortement car toujours, quoi qu'on fasse, on trouvera des obstacles, et il faut les surmonter. Jules est paresseux : sa volonté doit l'emporter sur sa paresse ; Jacques rencontre des compagnons qui l'invitent à venir boire avec eux : il doit avoir l'énergie de ne pas les suivre.

On arrive d'ailleurs très bien à fortifier sa volonté, et le meilleur moyen pour cela, c'est encore de l'exercer. On en exigera d'abord un petit effort, puis un plus grand, puis un plus considérable encore, et l'on en arrive à réaliser celui-ci plus aisément que le premier ne l'avait été. Certains hommes naissent courageux et persévérants ; mais celui qui ne l'est pas naturellement, peut toujours le devenir. On réussit même à vaincre cette terreur involontaire qui parfois saisit les plus braves.

LECTURE. — Un matin, avant une bataille, Turenne parcourait les lignes de son armée. Tout était préparé ; il donne le signal de l'attaque, et la canonnade commence ; mais, au premier coup, il se sentit saisi d'une telle terreur que son visage pâlit, et ses membres se mirent à trembler. Les officiers qui l'entouraient s'en aperçurent. Lui, il se tut un moment, puis jetant sur tout son corps un regard de colère : « Ah ! vieille carcasse, tu trembles ! Eh ! bien, je vais te mener si loin qu'il faudra bien que tu ne trembles plus ! » Et, se précipitant à l'endroit où le feu était le plus terrible, il fut plus héroïque ce jour-là qu'il ne l'avait jamais été.

Les poltrons peuvent donc ne pas rougir : Turenne lui-même a connu la peur ; mais qu'ils apprennent de lui à dominer ce sentiment.

RÉSUMÉ. — Il faut fortifier sa volonté, car cela ne suffit pas de savoir ce que l'on doit faire, il faut encore vouloir agir pour le bien et le juste. Il n'est pas toujours facile de faire son devoir, il se trouve souvent bien des empêchements, bien des difficultés : il faut que la volonté ait assez de puissance pour triompher de tous les obstacles.

Pour fortifier sa volonté, on l'oblige d'abord à un petit effort, puis, lorsqu'elle est habituée à vouloir les petites choses, on augmente au fur et à mesure l'importance des efforts demandés et on arrive facilement à acquérir une grande énergie.

MAXIMES. — *A cœur vaillant rien d'impossible.*

Il suffit de vouloir, et tout est fait.

ÉPICTÈTE.

---

38. — Il faut être patient.

LE PRINCE VIOLENT.

Une fée bienfaisante apparut un jour à un jeune prince, appelé Violent, et lui fit présent d'un gobelet précieux en lui disant : « Toutes les fois que vous serez tenté de vous mettre en colère, emplissez d'eau ce gobelet, et le videz en trois fois. » Le prince ne tarda pas à éprouver les tentations si bien prévues ; il eut aussitôt recours au moyen indiqué, et l'accès de colère n'aboutit pas.

Ayant revu sa protectrice, il lui dit : « En vérité, madame, j'admire la vertu de votre présent. — Prince, lui répondit la fée, je ne veux pas vous tromper : il n'y a aucune vertu dans ce gobelet ; mais voici en quoi consiste le pouvoir de cette eau bue en trois coups. Un homme ne se laisserait jamais emporter par la colère, si cette passion ne le surprenait pas et lui laissait le temps de réfléchir. Or, en se donnant la peine de verser de l'eau dans le gobelet, et en la buvant, à trois reprises, on prend du temps ; la réflexion vient, les sens se calment, et la passion fait place à la raison. »

Mme LEPRINCE DE BEAUMONT (¹).

QUESTIONS ET COMMENTAIRES. — Les fées existent-elles ? — Non, sans doute, mais leur prêter des aventures n'est souvent qu'une façon ingénieuse d'enseigner la vérité ; celle dont je viens de lire l'histoire, en particulier, parle comme un sage.

On est frappé par un camarade ; on se retourne, on frappe à son tour. Ne le regrette-t-on pas un moment après ? — Ou bien on ne s'est pas vengé sur celui dont on avait reçu le coup, ou bien celui-ci l'avait fait par inadvertance, et, même s'il en est autrement, on se dit qu'à se faire ainsi justice soi-même, on ne rétablit pas l'ordre ; dans tous les cas, on rougit, étant un garçon intelligent ou une petite fille raisonnable, d'avoir agi sans réflexion. Mieux eût valu se servir du gobelet de la petite fée, ou plutôt faire comme si on eût pu s'en servir, c'est-à-dire prendre le temps de penser avant d'agir. La violence est-elle de l'énergie ? L'homme de volonté vraiment forte n'est-il pas plutôt calme et froid ?

Son énergie se marque par la patience et par la persévérance. Il veut arriver à quelque chose ; il rencontre des obstacles : il les attaque un à un, sans faiblir, sans jamais se décou-

---

(¹) F. BATAILLE, *Cours élémentaire*. Lemerre, édit.

rager, revenant à la charge après une première défaite, et l'emportant en définitive. Il souffre, il est vraiment empêché de réaliser ses désirs : il attend patiemment, sachant que son tour viendra, supportant ses ennuis, ses souffrances sans murmurer, sans se plaindre, faisant seulement provision de forces pour l'avenir. Le malheur qui abat les faibles, raidit les hommes énergiques et ce sont ces derniers qui souffrent le moins et qui réussissent le mieux. On ne doit pas se décourager en trouvant des résistances, mais au contraire fortifier sa volonté et la mettre à même de vaincre.

RÉSUMÉ. — Il ne faut pas être violent ; quand on a lieu d'être en colère, il faut savoir se maîtriser et conserver son sang-froid : c'est là justement la marque d'un caractère énergique.

Il faut aussi être patient et persévérant. Quand on désire quelque chose, il survient souvent des empêchements : on doit savoir prendre son parti et attendre. Quand on veut faire quelque chose, on trouve toujours des obstacles : il faut les vaincre l'un après l'autre en revenant à la charge autant de fois que cela est nécessaire. Les difficultés n'arrêtent que les faibles ; elles stimulent les hommes énergiques.

MAXIMES. — *Patience et longueur de temps font plus que force ni que rage.*

La Fontaine.

Ne vous laissez jamais emporter à la colère ; soyez maître de vous-même.

---

39. — Il faut être économe.

UNE AVARE.

Ah ! ne me parlez point de Mme de Meckelbourg ; je la renonce. Comment peut-on garder tant d'or, tant d'argent, tant de meubles, tant de pierreries, au milieu de l'extrême misère des pauvres dont on était accablé dans ces derniers temps? mais comment peut-on vouloir paraître aux yeux du monde, ce monde dont on veut l'estime et l'approbation au delà du tombeau, comment veut-on lui paraître la plus avare personne du monde? Avare pour les pauvres, avare pour ses domestiques, à qui elle ne laisse rien ; avare pour elle-même, puisqu'elle se laissait quasi mourir de faim ; et en mourant, lorsqu'elle ne peut plus cacher cette horrible passion, paraître aux yeux du public l'avarice même? Je parlerais un an sur ce sujet ; j'en veux à cette frénésie de l'esprit humain, et c'est m'offenser personnellement que d'en user comme vient de faire Mme de Meckelbourg ; nous nous étions fort aimées autrefois, nous nous appelions sœurs : je la renonce, qu'on ne m'en parle plus.

Mme DE SÉVIGNÉ.

QUESTIONS ET COMMENTAIRES. — L'avarice n'est-elle pas ridicule? — L'avare a beau amasser les plus grands trésors, avec « tant d'or, tant d'argent, tant de meubles, tant de pierreries », n'est-il pas pauvre, misérable? Il n'utilise pas ses richesses, et malgré elles, il se prive même du nécessaire. L'avarice est de plus odieuse. Quel usage l'avare pourrait-il faire de cet argent dont il n'a aucun besoin? — Ne pourrait-il pas faire quelque bien autour de lui? — Il laisse ses domestiques à demi mourir de faim, il ne ferait pas l'aumône d'un centime, il se refuse même à prêter à taux convenable à qui voudrait lui emprunter; en accumulant sans nul profit, richesses sur richesses, il appauvrit la société il ne faut donc pas être avare ; l'avarice est un vice honteux.

Mais ce n'est pas dire qu'il faille tomber dans la prodigalité; le prodigue, outre qu'il se ruine lui-même, nuit à tous, car il gaspille son argent ; c'est économe qu'il faut être. L'homme économe n'aime pas l'argent pour l'argent. En mettant de côté chaque jour, chaque semaine, chaque mois, un peu de son bénéfice ou de son salaire, il fait acte de prévoyance : la maladie peut venir interrompre son travail, la vieillesse y mettra fin ; comment vivrait-il alors, s'il ne s'amassait dans le temps qu'il peut travailler de quoi subvenir à ses besoins ? Il travaille aussi à se rendre, si l'on veut, plus fort. L'argent est une force ; il en faut pour acheter un fonds de commerce, entreprendre une construction, renouveler un matériel usé ou vieilli, et pour en avoir, il a fallu en gagner d'abord, puis en conserver ; c'est parce qu'il a su économiser que tel propriétaire s'est acheté d'autres champs, que tel ouvrier a pu s'établir. Et du même coup, en travaillant pour lui-même, l'économe travaille pour tous, car il augmente la richesse sociale, la richesse de tous.

Vous serez donc économes ; vous le serez dès maintenant et vous prélèverez sur les petites sommes qu'on peut vous donner une part que vous porterez à la caisse d'épargne ou de cotisations à la Mutualité scolaire.

RÉSUMÉ. — L'avarice est ridicule et elle est aussi odieuse ; il ne faut donc pas être avare. Il ne faut pas davantage être prodigue. Mais l'on doit être économe.

L'homme économe fait acte de sage prévoyance ; il travaille aussi à se rendre en quelque sorte plus fort : l'argent n'est-il pas le moyen de réaliser beaucoup d'entreprises ? il acquiert donc la faculté de faire plus de choses, d'être plus utile à lui-même et à ses semblables.

Dès l'enfance, il faut acquérir l'habitude de l'économie.

MAXIMES. — *Ni avare, ni prodigue : économe.*

N'apprenez pas seulement comment on gagne, sachez aussi comment on ménage.

FRANKLIN.

L'avare, comme la tirelire (¹), n'est utile qu'après sa mort.

(¹) Allusion aux tirelires en terre que l'on brise quand elles sont pleines pour en avoir le contenu.

40. — L'estime de soi.

UN ORGUEIL NAÏF.

Je vois de tous côtés des gens qui parlent sans cesse d'eux-mêmes ; ils ont tout fait, tout vu, tout dit, tout pensé ; ils sont un modèle universel.

Il y a quelques jours qu'un homme de ce caractère nous accabla pendant deux heures de lui, de son mérite et de ses talents ; comme il n'y a point de mouvement perpétuel en ce monde, il cessa de parler. La conversation nous revint donc, et nous la prîmes. Un homme qui paraissait assez chagrin commença par se plaindre de l'ennui répandu dans les conversations : « Quoi ! toujours des sots qui se peignent eux-mêmes et qui ramènent tout à eux ! — Vous avez raison, reprit brusquement notre discoureur, il n'y a qu'à faire comme moi : je ne me loue jamais ; j'ai du bien, de la naissance ; mes amis disent que j'ai quelque esprit ; mais je ne parle jamais de tout cela ; si j'ai quelques bonnes qualités, celle dont je fais le plus de cas c'est ma modestie. »

MONTESQUIEU.

QUESTIONS ET COMMENTAIRES. — Cet homme était-il modeste, comme il le disait ? — Pendant deux heures, quelle avait été sa conversation ? — Pourquoi s'était-il tu ? — Mais au bout d'une minute, ne reprenait-il pas la parole et ne recommençait-il pas à se vanter ? — Beaucoup de gens lui ressemblent ou à peu près. Tel tire vanité de sa force ou de sa richesse, tel de son savoir ou de son intelligence, qu'il croit remarquable ; cette petite fille coquette s'imagine être plus jolie que toutes ses compagnes et l'on voit des gens qui s'enorgueillissent d'être vertueux. Ils se trompent et ils ont grand tort.

La beauté, la force physique, quand nous les posséderions au plus haut degré, ce qui n'est jamais, sont des attributs qui ne nous donneraient aucun mérite : nous n'avons rien fait pour les obtenir. Souvent il en est de même des richesses : on les tient de ses parents, et comme la grâce ou la vigueur, elles nous échappent aisément. Quant à l'instruction, à l'intelligence, les sots seuls s'imaginent les posséder à un degré suffisant ; le véritable savant compare ce qu'il sait à ce qui reste pour lui énigme et mystère, et la proportion lui paraît si faible qu'il estime ne rien connaître. La valeur morale seule, l'honnêteté, la vertu, sont des qualités dont nous pouvons être fiers ; nous avons le droit d'être satisfaits quand nous avons bien agi, mais cela arrive si peu fréquemment, mais nous sommes si éloignés de la perfection, que nous n'avons aucune raison de nous enorgueillir. Nous devons être modestes.

RÉSUMÉ. — Il est mal d'être vaniteux. Il n'y a aucun mérite à être beau ou fort et parfois quand on croit l'être, on se flatte sensiblement. Il n'y en a pas toujours à être riche ; il y en aurait à être savant et à être vertueux ; mais les gens vraiment instruits et les sages savent trop combien il manque encore à leur science ou à leur sagesse pour être des orgueilleux. Ils restent modestes, s'efforçant toujours de s'instruire ou de faire mieux ; ce sont eux que nous devons imiter.

MAXIMES. — *Soyons modestes.*

Voulez-vous qu'on croie du bien de vous ? N'en dites point.

PASCAL.

41. — La conscience.

Jean Valjean, condamné au bagne pour avoir volé un pain, est devenu, au milieu des voleurs et des criminels, sous les duretés et les injures un malhonnête homme. Libéré, il reçoit l'hospitalité de l'évêque de Digne, et lui vole des couverts d'argent. Pris, il est pardonné par l'évêque, et la bonté de celui-ci le touche à ce point qu'il reviendra à la vertu. Pourtant, il vient encore de commettre une faute : il a volé quarante sous à un petit garçon. L'enfant disparu, il est saisi du désir de lui rendre la pièce de monnaie.

... « Il se mit à regarder au loin dans la plaine, debout et frissonnant comme une bête fauve effarée qui cherche un asile. Il ne vit rien. Il se mit à marcher rapidement du côté où l'enfant avait disparu. Après une trentaine de pas il cria de toute sa force : Petit-Gervais ! Petit-Gervais ! Rien ne répondit. La campagne était déserte et morne. Une bise glaciale soufflait. Il recommença à marcher, puis il se mit à courir, et de temps en temps il s'arrêtait et criait dans cette solitude, avec une voix qui était ce qu'on pouvait entendre de plus formidable et de plus désolé : Petit-Gervais ! Petit-Gervais ! Il fit de la sorte un assez long chemin, regardant, appelant, criant. Deux ou trois fois, il courut vers quelque chose qui lui faisait l'effet d'un être couché ou accroupi ; ce n'était que des broussailles. Enfin, à un endroit où trois sentiers se croisaient, il s'arrêta. Il appela une dernière fois : Petit-Gervais ! Petit-Gervais ! Ce fut là son dernier effort ; ses jarrets fléchirent brusquement sous lui comme si une puissance l'accablait tout à coup du poids de sa mauvaise conscience ; il tomba épuisé sur une grosse pierre, les poings dans ses cheveux et le visage dans ses genoux, et il cria : « Je suis un misérable ! »

V. Hugo.

QUESTIONS ET COMMENTAIRES. — Qu'avait fait Jean Valjean ? — C'était un malhonnête homme et pourtant le voilà en proie à un sentiment que ne connaissent pas les criminels endurcis : le remords, le repentir. — Et ce sentiment ne vient-il pas de sa conscience qui vient de se réveiller ?

Il ne suffit pas de savoir ce qu'est le bien ; il faut faire le bien, il faut arriver à le faire sans hésitation, sans discussion, sans réflexion, instinctivement, pour ainsi dire, comme s'il était impérieusement commandé par une voix intime. Cette voix, c'est notre conscience. Elle se forme peu à peu en nous par l'apprentissage du bien ; elle est apparue, s'est développée dans l'humanité à mesure que les hommes devenaient meilleurs ; pour qu'on soit vraiment un sage, il faut qu'elle soit devenue parfaite et qu'on lui obéisse aveuglément.

La conscience se contente-t-elle de nous indiquer ce que nous avons à faire ? Elle juge aussi nos actions, nous en blâme, si elles sont mauvaises, nous en félicite dans le cas contraire ; elle nous en punit ou elle nous en récompense, en éveillant en nous, soit la honte ou le remords, soit cette joie si douce qui suit l'accomplissement du devoir.

RÉSUMÉ. — La conscience est une voix intérieure qui nous avertit et nous indique le bien à faire, le mal à éviter. Elle nous blâme lorsque nous agissons mal, elle nous est une satisfaction intérieure qui nous récompense du bien que nous avons pu faire. Nous devons écouter ses conseils et les suivre ponctuellement. Le remords, c'est-à-dire le blâme de notre conscience est la plus terrible des punitions.

MAXIMES. — *Tu n'as qu'à te préoccuper du jugement de ta conscience.*

Obéis à ta conscience.

Une conscience pure est le plus doux des oreillers.

Documents manquants (pages, cahiers...)
NF Z 43-120-13